Portrait de Léon Gontran Damas
par Jacques Audiberti (1952).

LÉON GONTRAN DAMAS

Black-Label

suivi de

Graffiti

et de

Poèmes nègres
sur des airs africains

recueillis et traduits par L.-G. Damas

*Édition établie
par Sandrine Poujols*

GALLIMARD

BLACK-LABEL

(1956)

I

ET BLACK-LABEL
pour ne pas changer
Black-Label à boire
à quoi bon changer

SUR LA TERRE DES PARIAS   *exclu*
un premier homme vint ———   ↳ *la Guyane*
sur la Terre des Parias
un second homme vint
sur la Terre des Parias
un troisième homme vint

Depuis

Trois Fleuves
trois fleuves coulent
trois fleuves coulent dans mes veines
                                    première
                                    personne.

BLACK-LABEL À BOIRE
pour ne pas changer
Black-Label à boire
à quoi bon changer

À DES MILLES ET DES MILLES
en Paris Paris Paris
Paris — l'Exil
mon cœur maintient en vie
le regret double
du tout premier éveil à la beauté du monde
et du premier Nègre mort à la ligne
mort sur la Ligne
qui mène encore
aux Isles de l'Aventure
aux Isles à la Dérive
aux Isles de la Flibuste
aux Isles de la Boucane
aux Isles de la Tortue
aux Isles à Nègreries
aux Isles à Sucreries
aux Isles de la Mort-Vive

      BLACK-LABEL À BOIRE
      pour ne pas changer
      Black-Label à boire
      à quoi bon changer

LA SEINE A VU PLEURER UN HOMME
un jour de juin
qui finissait
où jamais encore
ne s'était vu si
seul
au pied de la Tour dominant la Ville
l'homme
dont le cœur
se gonflait de peine

12

Une peine immense
fut soudain
en plein cœur de l'homme
plus forte et lourde et sûre et belle
que la Tour dominant la Ville
couchée au long de la Seine

La peine immense
s'est à jamais
bel et bien installée
au cœur gonflé de l'homme
plus forte et lourde et sûre et belle
que la Tour dominant la Ville
couchée au long de la Seine
depuis ce jour de juin qui finissait

BLACK-LABEL À BOIRE
pour ne pas changer
Black-Label à boire
à quoi bon changer

JE VOIS D'ICI LES BRAS
que l'Oncle rassuré
à l'appel de détresse
dans la nuit du Grand-Bois
m'eût ouverts d'allégresse

Je sais d'ici la hâte
que l'Oncle retrouvé
après dix ans d'oubli
eût mis à mélanger
les deux punchs du retour

13

Je sais d'ici la peine
que l'Oncle eût pris
à voir couler
le long de mon visage
la larme de tristesse

Je vois
je sais
je sens
j'entends d'ici les mots
que l'Oncle eût marmonnés
sur le spectacle atroce
de ma douleur profonde

BLACK-LABEL À BOIRE
pour ne pas changer
Black-Label à boire
à quoi bon changer

AVEC
avec l'amour
qui s'en viendrait
par l'âpre et rude et dur chemin
qui mène
non pas
au CHRIST
mais à DAMAS
tomberait demain pour sûr
la fièvre du dégoût

BLACK-LABEL À BOIRE
pour ne pas changer
Black-Label à boire
à quoi bon changer

14

PARCE QU'IL N'EÛT ÉTÉ NI DE JEU
ni de mise et de règle
que cette nuit
plus qu'aucune autre
fût faite
de moins de solitude
de moins d'inquiétude
de moins de lassitude
de moins d'effroi
de moins de détresse
de moins de tristesse
de moins de vide
que tant de nuits faites
de solitude
d'inquiétude
de lassitude
d'effroi
de détresse
de tristesse
et de vide
il n'eût été ni de jeu
ni de mise et de règle
d'emboucher la trompette
et d'entonner la complainte aux étoiles

BLACK-LABEL À BOIRE
pour ne pas changer
Black-Label à boire
à quoi bon changer

TEL J'AI VU LE CIEL
partout Un le même

ni moins bleu
moins beau
ni moins gris
moins triste
avec ou sans nuages

BLACK-LABEL À BOIRE
pour ne pas changer
Black-Label à boire
à quoi bon changer

J'AI SAOULÉ MA PEINE
ce soir comme hier
comme tant et tant
d'autres soirs passés
où de bouge en bouge
où de bar en bar
où de verre en verre
j'ai saoulé ma peine

Mort au Cancre
au pou
mort au Chancre
au fou
et
sus au dévoyé
ont encore hurlé
ceux qui nombreux disent tous m'avoir à l'œil me regar-
    der vivre
et ceux
ceux parlons-en
qui vagissent de rage et de honte
de naître aux Antilles
de naître en Guyane

de naître partout ailleurs qu'en bordure
de la Seine ou du Rhône
ou de la Tamise
du Danube ou du Rhin
ou de la Volga

Ceux qui naissent
ceux qui grandissent dans l'Erreur
ceux qui poussent sur l'erreur
ceux qui meurent comme ils sont nés
fils de singes
fils de chiens

Ceux qui se refusent une âme
ceux qui se méprisent
ceux qui n'ont pour eux-mêmes et leurs proches
que honte et lâcheté

Ceux qui renoncent une pleine vie d'hommes
d'être
autre chose qu'ombre d'ombres

Ceux qui se renient
se surveillent
se désespèrent
et se lamentent

Ceux qui s'en prennent eux-mêmes aux cheveux de ne
    point onduler
sous la brise embaumée
comme épis de blé d'or des pays tempérés qu'inventent
    les livres

Ceux qui voulant à leur nez qu'écrase tout le poids du
    Ciel
une forme moins plate

17

se le massent
le remassent au coucher
à la graisse de bœuf du Brésil
de Dominicanie
de Porto-Rico
du Venezuela

Ceux qui croient pouvoir s'amincir les lèvres
à se les mordre
jusqu'au sang
à longueur de journée

Ceux qui se traitent eux-mêmes
de sauvages
sales nègres
soubarous
bois-mitan
gros-sirop
guinains
congos
moudongues
fandangues
nangues

Ceux dont l'échine est veule
et le dos bastonné
et la fesse
bottée

Ceux dont l'attitude immuable d'esclaves
insulte à la sagesse antique et belle
de leurs propres Anciens

Ceux à qui la merveilleuse inconscience
fait zézayer de Père en fils
de fils en Pères

Zié Békés brilé zié Nègues
Il est dit que le Blanc aura toujours le nègre à l'œil

Ceux qui permirent le déracinement de DEUX CENT
   CINQUANTE MILLIONS des leurs

Ceux qui ordonnèrent les razzias
ceux qui obéirent à l'ordre de razzias
ceux qui dépistèrent les razziés

Ceux dont les Pères vendirent les fils à l'encan
et les fils à leur tour la Terre-Mère
ceux dont les frères donnèrent si gentiment la chasse à
   leurs frères

Ceux qui se laissèrent prendre à ce jeu de famille
Ceux capturés vifs
et qui s'en réjouissant se dirent en eux-mêmes
Mieux vaut être chair rouge que gibier mort

Ceux qui ne virent dans la Mort
le salut de la Vie

Ceux qui s'en allèrent
bien dociles
à la file
le cou pris au carcan *mayombé*

Ceux dont la douceur
l'hébétude
l'inconscience
et la passivité
n'avaient d'égales
que l'arrogance
la sottise
la faconde

19

la vanité crépue
des *dachys* ouvrant la marche
des *dachys* fermant la marche au rivage

Ceux qui parvinrent exténués mais vivants au rivage
avant que d'avoir à quitter à jamais voiles au vent
les rives du Congo
du Gabon
du Bénin
de Guinée
de Gambie
de Gorée

Ceux qui ne s'étonnèrent de rien de voir un navire au
    Large

Ceux dont les Ancêtres étampés
fleurdelisés
marqués de fer rouge
aux lettres du navire au Large
puis parqués
enchaînés
rivés
cadenassés
et calés
furent bel et bien du voyage
sans air
sans eau
sans fin

Ceux dont les Ancêtres furent jetés au cours du voyage
sans fin
sans eau
sans air

Ceux dont les Ancêtres
eurent la chair toute brûlée à vif
au-dessus des seins
sur les omoplates
sur le gras du bras

Ceux qui trouvèrent la pestilence
commode

Ceux qui se laissèrent conduire par bordée sur le pont

Ceux qui au son de la vielle ou de la musette
se mirent à danser sous l'œil de la chiourme
le fouet de la chiourme

Ceux qui ne fomentèrent
nulle révolte
et celles
celles qui firent
avorter les révoltes
d'avoir eu non seulement
la matrice adulée
cajolée
dorlotée
ébranlée
mais encore
longue langue
langue longue

Ceux qui ne désarmèrent l'équipage
ceux qui ne firent feu sur l'équipage désarmé
et ne se rendirent maîtres après Dieu
de la barre et du gouvernail
mais bras croisés
l'oreille en proue
s'entendirent dire et lire

la sentence à mort
à mort la négraille
la valetaille
la racaille

Ceux que ma mémoire
retrouve encore en Exil
assis de nos jours sur le pas de la case en bambou de
    lattes tressées
qui insulte au soleil éclatant des Antilles-Heureuses
d'être à jamais esclaves

Ceux que la Nuit surprend à se jouer du cul-de-pipe en
    terre rouge
des derniers Roucouyennes
du Pays de Guyane à mon cœur accroché

Ceux dont les yeux de chat-tigre
sont l'oreille
de la nuit de *Rott'Pèye*
de la nuit du *Yan-man*
ou de la nuit des isles à sucre
des isles à rhum
des isles à mouches
des isles à miel
des isles à . . . . . .

Ceux qui comptent les étoiles

Ceux qui se signent de grâce et d'effroi à l'étoile qui
    file

Ceux qui lisent dans les nuages

Ceux qui remercient le Ciel à tout vent

Ceux satisfaits d'eux-mêmes
qui se contentent de peu
se contentent de rien

Ceux dont l'estomac
depuis trois siècles et plus
fait envie ou pitié
moins envie que pitié

Ceux qui se nourrissent de morue et d'igname
de piment et de sel
tous les jours que Dieu fait
et que Dieu fait
sans vin sans pain
sans rien
d'autre
que souskaye à mangos
que mangos à souskaye

Ceux qui se lèvent tôt
pour que se lèvent tard
et se gavent
se dandinent
se pommadent
se désodorisent
se parfument
se lotionnent
se maquillent
se gargarisent
se congratulent
se jalousent
se débinent
s'enrichissent
d'autres

Ceux dont la sueur arrose
champ de cannes
de maïs
d'ananas
de bananes

Ceux dont la sainte résignation n'a d'égale
que le sacré mépris de l'Église où le Curé préfère
au blanc de blanc catholique et romain
un cul-sec de cœur de chauffe
des isles à sucre
des isles à rhum
des isles à mouches
des isles à miel
des isles à . . . . . .
des isles amènes
ainsi soient-elles
ainsi soit-il
Amen

Et sus au dévoyé
mort au cancre
au pou
mort au chancre
au fou

      BLACK-LABEL À BOIRE
      pour ne pas changer
      Black-Label à boire
      à quoi bon changer

SEIGNEUR
à moins de les avoir bien sales
pour n'avoir plus à vos côtés Marie-l'Unique

à la fois Vierge et Mère
qui avait l'œil à votre oreille
comme au jour le jour veille
l'homme à la ruche

Seigneur
à moins de vous être
d'une tête rageuse d'épingle
percé le tympan depuis peu pour le plaisir pur
vous m'entendrez
Seigneur

Vous m'entendrez moi qui
à en croire et les uns et les autres
ai été
créé à votre image

Vous m'entendrez Seigneur
ce soir où j'eusse aimé
vous voir les ouvrir grandes
vous voir ouvrir à tout le moins
la bonne

Seigneur suivez-moi bien
moi qui vous parle
moi qui
       malgré la défense formelle
       que m'en a toujours faite
       la grammaire des grammaires des grand-mères
       de Grand-Mère JOAL
moi qui
       vous *cause*
et le souligne
et ose

Moi qui n'ai encore rien dit qui ne pût l'être
moi qui n'ai jamais encore cru devoir rendre à mes
    miens œil pour dent

Seigneur
retenez bien ceci
je n'étais pas né
que déjà les fauves de tout poil donnant la chasse à
    l'homme
emplissaient de leurs cris
le néant de mes nuits au néon à naître

BLACK-LABEL À BOIRE
pour ne pas changer
Black-Label à boire
à quoi bon changer

ET POURQUOI
et pourquoi m'avoir décanté l'air
pourquoi m'avoir emmailloté les membres
pourquoi avoir de front heurté mon enfance
pourquoi depuis toujours
sans cesse m'accabler
et me priver du droit de m'afficher moi-même

Pourquoi
m'avoir appris à m'aimer
me connaître
me comprendre en Exil où
d'un doigt puant à plein nez la Bible
et tout ce qui s'en dégage de chrétien
d'hypocrisie
de morve
d'astuce

26

de ladrerie
de veulerie
de lâcheté
d'arrogance
de hargne
de haine
ils m'ont montré
à l'enfant sorti des limbes à peine
l'enfant qui déjà louche aux jouets des grands grands
    magasins
l'enfant à la tétine comprimée d'air
que nul sein maternel jamais n'allaitera
faute de tendresse
l'enfant que la Nurse pousse pousse
d'avenue en boulevard
de boulevard en place
de place en jardin
de jardin en rue
de rue en square
de square en parc
de parc en parc
de part en part
tandis que la mère
s'interroge et s'étale
dans le lit de l'amant
se refuse
et se donne
se reprend
et ordonne
se repent
et supplie
se rebelle
et subit
se répète
et se tait
            insatiable et nue

Ici la parenthèse s'ouvre
et comprenez
comprenez-moi bien
moi qui peut-être
ai autant que vous qui m'avez donné le goût des mignar-
  dises
des politesses
le ton des entrechats
le chic des ronds-de-jambe

Comprenez-moi bien
moi qui peut-être
ai
autant que vous
sinon plus exercé
l'odorat chatouilleux
les mots de circonstance
le clin d'œil entendu
la voix du souffleur opérant
les deux doigts à thé pointés pointés et pointant juste
le sens bourgeois des convenances
qui veut qu'on se découvre au corbillard qui passe
et que passe son chemin l'Ami qui prétend à tort
que l'Amour est plus beau quand l'Amour est mort
ou quand il agonise
ou quand il est couché
grelottant de fièvre
ou quand il a le cœur
gros de dépit

L'Amour n'est vraiment beau
qu'au fort de l'orage
dans la cabane au bord de l'eau
debout dans la nuit noire

28

Fermée la parenthèse

Pourquoi un rien même entendus et tendus
menaçants agacés
pourquoi
pourquoi dire

Malgré la faim d'amour qui le tenaille
malgré sa grande désillusion
malgré son drame fait de doute et d'espoir
malgré l'expérience acquise au prix lourd du sang des
    Trois Fleuves
malgré les visites à domicile
malgré les rafles
malgré les flics
malgré les fouilles
malgré la meute de chiens dressés au flair de ses pig-
    ments
malgré la machine infernale
malgré les bombes à retardement
malgré l'attentat raté sur la Ligne Paris-Le Havre-New
    York
malgré la guerre qu'on lui fit faire
bon gré mal gré
malgré les tranchées
malgré le camp retranché
malgré le pourrissoir
malgré le défi
malgré l'interdit qui suspend sa plume
malgré tant et tant de malgré

Pourquoi dire entre les dents
pourquoi dire
voilà
voilà

voilà
qu'il recommence
qu'il recommence à dire
Merde

BLACK-LABEL À BOIRE
pour ne pas changer
Black-Label à boire
à quoi bon changer

UN POÈME POUR SÛR S'EN PASSE VOLONTIERS
mais il s'agit moins de recommencer à dire
le gros mot
le mot sale
le mot défendu
que de continuer à être
contre
la conspiration du silence autour de moi-même
à moi-même imposée
par moi-même admise

Il s'agit moins de recommencer
que de continuer à être
contre
le hara
le musée
la caserne
la chapelle
la doctrine
le mot d'ordre
le mot de passe

Il s'agit moins de recommencer
que de continuer à être
contre

le dressage
le défilé
le concours
le mérite agricole
le quitus
le viatique
le bon point
le pourboire
la médaille
la menterie
le système
la débrouille
le lâchage
le salaire du lâchage

Il s'agit moins de recommencer
que de continuer à être
contre
la restriction
la claustration
la réserve
la résignation
la pudeur fausse
la pitié
la charité
le refoulement
toute honte bue

Il s'agit moins de recommencer
que de continuer à être
contre
la morale occidentale
et son cortège de préceptes
de préconceptions
de présomptions
de prénotions

de prétentions
de préjugés

Il s'agit moins de recommencer
que de continuer à vous refiler ma nausée
continuer à vous surveiller
continuer à ruer
continuer à vous jouer plus d'un air
de ma flûte en tibia de Karia
Karia Rou-la-Gazelle

continuer à vous navrer
vous décevoir
vous désarmer

continuer à souhaiter
que vienne enfin et sonne
continuer à prier pour que vienne et sonne l'heure
    attendue

    BLACK-LABEL À BOIRE
    pour ne pas changer
    Black-Label à boire
    à quoi bon changer

LES SIÈCLES PASSÉS ONT VU
les siècles à venir verront
à chaque Crépuscule
sur le fromager hanté
les merles initiés
s'en venir prier
sans gants ni mitaines
prier à genoux
prier en cadence
prier en créole

PIÈ PIÈ PIÈ
priè Bondjé
mon fi
priè Bondjé
Angou ka bouyi
Angou ké bouyi

Pierre Pierre
prie Dieu
mon fiston
prie Dieu
mon fiston
pour que soit fin prêt le maïs en crème
à être savouré

    BLACK-LABEL À BOIRE
    pour ne pas changer
    Black-Label à boire
    à quoi bon changer

II

SONNE ET SONNE
sonne à mon cœur mariné dans l'alcool
dont nul n'a voulu tâter à table hier
Sonne et Sonne
minuit de clair de lune à trois
dont l'image est à jamais en UNE
FEMME entrevue en l'Île aux mille et une fleurs
assise au pied des mornes verts
et filaos échevelés

ALLO ALLO
Allo Sicy
Sicy-Chabine
ICI Limbé

Veux-tu que nous jouions
au jeu de notre enfance enjouée
dis
veux-tu que nous jouions
au jeu du baiser-pur
du baiser-sur-le-front
du baiser-jamais sur la bouche

SONNE ET SONNE
sonne à mon cœur mariné dans l'alcool
dont nul n'a voulu tâter à table hier
sonne et sonne
minuit de clair de lune à trois
dont l'image est à jamais en UNE
FEMME entrevue en l'Île aux mille et une fleurs
assise au pied des mornes verts
et filaos échevelés
et flûte de bambou du Pâtre éveillé modulant la ren-
    gaine en sourdine

   LE BEL ENFANT DE CHŒUR
   tout plein gentil
   tout plein joli
   tout plein mignon

   Le bel enfant de chœur
   en caramel
   chasuble rouge
   souliers vernis
   qu'il me souvient d'avoir été
   au seuil grandiose
   des reposoirs sur qui pleuvaient
   roses effeuillées
   roses parfumées
   roses d'encens
   miraculées
   immaculées
   matriculées
   à la Fête-Dieu
   des ans passés et trépassés

SONNE ET SONNE
sonne à mon cœur mariné dans l'alcool dont nul n'a
   voulu
tâter à table hier
sonne et sonne
minuit de clair de lune à trois dont l'image est à jamais
   en UNE
FEMME entrevue en l'Île aux mille et une fleurs
assise au pied des mornes verts
et filaos échevelés
et flûte de bambou du Pâtre éveillé modulant la ren-
   gaine en sourdine
et le bruit court dans les halliers

   BANALITÉ SANS AUCUN DOUTE
   mais avant que de se donner
   entière et belle et noire et drue
   au vétiver du sentier
   qui mène au Morne-à-Cases
   où pleure dans la nuit
   une flûte de bambou
   la Fille à la Calebasse d'indifférence
   implora par trois fois
   Seigneu
            Jézi
                  la Viège Marhi
                        Joseph

SONNE ET SONNE
sonne à mon cœur mariné dans l'alcool
dont nul n'a voulu
tâter à table hier
sonne et sonne
minuit de clair de lune à trois

dont l'image est à jamais en UNE
FEMME entrevue en l'Île aux mille et une fleurs
assise au pied des mornes verts
et filaos échevelés
et flûte de bambou du Pâtre éveillé modulant la ren-
  gaine en sourdine
et le bruit court dans les halliers
et ma voix clame en Exil

    CESSE OU JE RACCROCHE
    je ne joue plus
    je dis tout
    et je dis

    Ce n'était pas lui
    ce n'était pas celle
    qui seule eût pu
    vous parler de lui

    Ce n'était pas elle
    ce n'était pas lui
    ce n'était que moi
    à l'autre bout du monde
    au bout de l'appel
    tout au bout du fil
    au bout de l'angoisse
    au bout de l'attente
    à bout de désir

    Cesse ou je raccroche
    je ne joue plus
    je dis tout
    et je dis
    mon dernier rêve

La nuit dernière
au beau mitan du ciel
des Îles
un soleil rouge de feu rouge à brûler vif
des torses et torses et torses et torses nus
des bacouas
des bacouas des bacouas en bataille
des pantalons aux trois quarts retroussés
des coutelas flambant neufs
au lieu de belles cannes
coupaient
coupaient des théories de têtes
de têtes
de têtes
de têtes blondes
                    comme la vôtre
                              mon bel amour

Cesse ou je raccroche
je ne joue plus à *vous*
je dis tout
et je dis

Je ne sais
si tu sais
que tu m'aimes
si tu sais
que je sais
que tu sais
que je t'aime

SONNE ET SONNE
sonne à mon cœur mariné dans l'alcool
dont nul n'a voulu tâter à table hier
sonne et sonne

minuit de clair de lune à trois
dont l'image est à jamais en UNE
FEMME entrevue en l'Île aux mille et une fleurs
assise au pied des mornes verts
et filaos échevelés
et flûte de bambou du Pâtre éveillé modulant la rengaine
    en sourdine
et le bruit court dans les halliers
et ma voix clame en Exil
et l'Exil chante à deux voix

— SI DEMAIN LES FANTÔMES
— Des hommes sont venus dont le nombre m'échappe
des hommes sont venus dont le souvenir me hante
des hommes sont venus qui ont chanté la vie au creux
    de mon épaule
des hommes sont venus

— Si demain les fantômes
— Aux Îles de lumière et d'ombre créoles
où l'on dit toujours SI pour dire OUI
où de lèvres troussant le défi l'arrogance
l'on dit souvent t'chup
jamais l'Amour ne souvient
aux Îles de lumière et d'ombre créoles
où l'Idole meurt d'avoir vécu un jour

— Si demain les fantômes nous laissaient
— Demain
demain c'est déjà hier aussi gris qu'aujourd'hui où
    l'Amour
se repent de s'être en chemin toujours repris jamais
    donné

— Si demain les fantômes nous laissaient face à face un
    instant

— Parviendra-t-il jamais le cortège au point mort
Voici debout la Stèle
défiant le Ciel
défiant le Vent
défiant le Temps

— Si demain les fantômes nous laissaient face à face un
    instant
l'instant de sentir ton cœur battre un instant
ton cœur battre un instant ton cœur battre
au rythme éperdument
éperdument vrai
du mien

SONNE ET SONNE
sonne à mon cœur mariné dans l'alcool
dont nul n'a voulu tâter à table hier
sonne et sonne
minuit de clair de lune à trois
dont l'image est à jamais en UNE
FEMME entrevue en l'Île aux mille et une fleurs
assise au pied des mornes verts
et filaos échevelés
et flûte de bambou du Pâtre éveillé modulant la ren-
    gaine en sourdine
et le bruit court dans les halliers
et ma voix clame en Exil
et l'Exil chante à deux voix
et voici ELYDÉ

ELYDÉ
je dis bien pour ceux ceux qui n'en savent rien
je dis ELYDÉ deux êtres confondus en un seul

à jamais seul
malgré la toute première scène
que se rappelle une joue encore ahurie
malgré la belle
belle
malgré les sarcasmes
malgré les querelles
malgré les fantômes sous verre du sixième
malgré le dépit
malgré la faim de paix
malgré la soif de haine à la menthe
de menthe à l'amour
malgré l'eau qui venait à la bouche
de haïr l'amour et d'aimer la haine
malgré les larmes
malgré l'oubli qui sait si bien sécher les larmes
malgré les cris de bête blessée dont s'inquiétait la Seine
    bien malgré elle
malgré la mansarde
malgré la neige en plein dans la mansarde
malgré le riz cuit à l'alcool
malgré le téléphone
arme blanche
méfiez-vous-en mes frères
comme de l'Amour qui n'ose dire à soi-même

— Je suis l'Amour-un-point-c'est-tout
et parce que je suis l'Amour-un-point-c'est-tout
le Doute est là mal sans remède —

ELYDÉ
deux êtres confondus en un seul être à jamais seul
je dis être
et le Ciel est couvert de nuages

Elle
pense être
et sa vie est un pont suspendu sous un ciel de nuages

Je dis être
avec Elle
être
tandis que le Ciel se demande où la solitude à deux
    mène

SONNE ET SONNE
sonne à mon cœur mariné dans l'alcool dont nul n'a
    voulu
tâter à table hier
sonne et sonne
minuit de clair de lune à trois
dont l'image est à jamais en UNE
FEMME entrevue en l'Île aux mille et une fleurs
assise au pied des mornes verts
et filaos échevelés
et flûte de bambou du Pâtre éveillé modulant la ren-
    gaine en sourdine
et le bruit court dans les halliers
et ma voix clame en Exil
et l'Exil chante à deux voix
et voici ELYDÉ
et réveillé net de nouveau se déroule le film du rêve
    recréé

IL AVAIT POUSSÉ À LA MANSARDE
aux dimensions réduites
un énorme bidet
un grand tableau vert
un flacon à demi vidé d'un parfum qui visiblement
avait nom scandal

À même un lit défait d'allure
je fredonnais mon impuissance
indifférent
surpris pourtant qu'à l'instant même
KETTY fût là
blonde
belle
et nue

Et mon odieux désir de Naguère
n'était plus maintenant
qu'une pauvre
pauvre chose
pauvre chose morte

Prise à son piège
prise à sa morgue
à son dédain de Naguère où mon odieux désir d'Elle
lui laissait entrevoir de guerre lasse au besoin le viol
KETTY belle
KETTY blonde
KETTY nue
s'en fut crayonner au grand tableau vert
AVAIS-JE EU RAISON DE DIRE
JAMAIS
AVEC
VOUS

Et après qu'elle eut fermé les guillemets
sur ces mots lourds de sens
lourds de morgue
KETTY s'envola par la lucarne
belle blonde et nue

Et l'AUTRE
à son jeu toute
toute au jeu qui consiste à se douter que ses gestes les
   moindres
continuent d'être épiés
que ses mots continuent d'être bus

Toute à son jeu
au jeu qui consiste à ne pas m'entendre au bout du fil
ne pas écrire un mot un seul
ne pas venir se sachant attendue
depuis Avril

Toute à son jeu
mais d'une voix qui n'était plus sienne
mais bel et bien celle
de Sicy-Chabine
en Ketty retrouvée
YDÉ m'a dit
YDÉ m'a dit

— À l'abri du paravent
j'ai suivi la manœuvre
mais je m'appelle ELYDÉ
et parce que je m'appelle et suis ELYDÉ
j'entends que tu m'accompagnes aux bains
sans pour autant te croire obligé de dissimuler
la joie de me revoir depuis Avril
déjà septembre

On ne va pas aux bains
en tenue de soirée
et je te veux
je te veux voir sur la route qui y mène
tel je t'aurai vu ce soir de rue Fontaine

T'EN SOUVIENT-IL

La CABANE CUBAINE
la livrée du groom au parasol rouge
l'escalier qui donnait à pic sur le vertige brun
et vous jetait en plein dans la fièvre du rythme
la piste un mouchoir de poche
l'invitation au voyage aux murs
les seaux à champagne où poussaient des roses
l'âpreté des blues
le stomp
la machiche
l'évocation des îles
le danzon
le merengue
la mazurka créole
le drum imposant silence
le speaker annonçant MALHIA
et MALHIA dans sa robe des dimanches
pleurant la mort du nouveau-né

   — REGARDEZ REGARDEZ
     trépignait une voix
     d'une foule accourue
     d'une foule perverse
     d'une foule joyeuse

     Regardez regardez
     repêché de la Seine
     à l'instant de la Seine
     le mignon le gentil
     le joli nouveau-né

     Et l'enfant né du rut
     repêché de la Seine

un instant de la Seine
un instant de la Seine
reposait au soleil

Le ciel s'était vêtu de bleu
la vie chantait la vie
et la vie se mêlait à la voix
à la voix de la foule
de la foule accourue
de la foule sans visage
à la vue de l'enfant
de l'enfant né du rut
repêché de la Seine

— T'EN SOUVIENT-IL

BAMAYE DO BRAZIL
BAMAYE DO BRAZIL montrant la voie aux gueux
montrant la voie aux peu
montrant la voie aux rien
montrant la voie aux chiens
montrant la voie aux maigres
montrant la voie aux Nègres

— NOUS LES GUEUX
nous les peu
nous les rien
nous les chiens
nous les maigres
nous les Nègres

Nous à qui n'appartient
guère plus même
cette odeur blême
des tristes jours anciens

Nous les gueux
nous les peu
nous les rien
nous les chiens
nous les maigres
nous les Nègres

Qu'attendons-nous
les gueux
les peu
les rien
les chiens
les maigres
les nègres
pour jouer aux fous
pisser un coup
tout à l'envi
contre la vie
stupide et bête
qui nous est faite
à nous les gueux
à nous les peu
à nous les rien
à nous les chiens
à nous les maigres
à nous les nègres

— T'EN SOUVIENT-IL

PARIS-Nombril-du-Monde
à la merci de l'AFRIQUE
de son âme
de sa joie

sa tristesse
ses regrets

PARIS-Nombril-du-Monde
à la merci de l'AFRIQUE
à la merci de sa voix
à la merci de la fièvre du rythme
de la piste un mouchoir de poche
de l'invitation au voyage au mur
de la trompette bouchée

T'EN SOUVIENT-IL

Le Blanc à l'École du Nègre
tout à la fois
gentil
docile
soumis et singe

Jamais le Blanc ne sera nègre
car la beauté est nègre
et nègre la sagesse
car l'endurance est nègre
et nègre le courage
car la patience est nègre
et nègre l'ironie
car le charme est nègre
et nègre la magie
car l'amour est nègre
et nègre le déhanchement
car la danse est nègre
et nègre le rythme
car l'art est nègre
et nègre le mouvement

car le rire est nègre
car la joie est nègre
car la paix est nègre
car la vie est nègre

T'EN SOUVIENT-IL

DES NÈGRES S'EN SONT ALLÉS
faire un tour
un petit tour
un tout petit tour au Ciel blanc
de la guerre avant-dernière
avec en poches
des tonnes d'ypérite
et
de leurs mains
sacrilèges
ou
ferventes
ils ont aspergé Rome
en souvenir ému
d'Axoum
la Ville Sainte

T'EN SOUVIENT-IL

PARIS-Nombril-du-Monde
à la merci de l'AFRIQUE
de sa voix
ses regrets
de sa joie
ses tristesses
à la merci de la fièvre du rythme
de la piste un mouchoir de poche

de l'invitation au voyage aux murs
de la trompette bouchée
on eût dit Celle du JUGEMENT DERNIER

Le Blanc à l'École du Nègre

III

— TU ÉTAIS AU BAR
et moi
        — parmi d'autres —
à même la piste enduite
et patinée de steps
de stomps
de slows
de songs
de sons
de blues

Et de la table où un Blanc à lunettes
s'ennuyait à lire un journal *son* journal
je te regardais boire un Canadian Club

Fasciné peut-être
soudain ton regard
affronta le mien
mais de toi ou de moi qui déjà n'étions
qu'un seul beau désir insatisfait
je ne sais plus lequel
vint au-devant de l'Autre
alors que l'orchestre scandait

Esclavo Soy

Je ne sais plus lequel

Et ce fut le vertige

Accrochée à tes pas
accrochée à tes yeux
accrochée à ton âme
je me laissai aller
au rythme de ton drame

Et j'en vins à souhaiter en moi-même
que le chemin à parcourir fût aussi long que le temps
    mis
à nous voir l'un et l'autre
face à face au Carrefour

Brisant l'effroi qui nous rendait muets
tu m'avais dit

— JE ME RIS DU HASARD MAIS JAMAIS DU DESTIN
qui déroule à sa guise le film
et tout est là ce soir qui rappelle
d'une vie antérieure
l'âpre parfum du jour
où malgré l'interdit

        IL A ÉTÉ PENDU CE MATIN À
        L'AUBE UN NÈGRE COUPABLE
        D'AVOIR VOULU FRANCHIR LA
        LIGNE

l'amour s'était promis à soi-même
d'être à jamais fidèle à son désir

Soudain ce soir surgis
vos mains vos lèvres
vos yeux sont ceux de la stupeur

ceux du désarroi
ceux de la salive amère avalée
ceux de la larme versée en un coin de ma peine
ceux de ma détresse
ceux de la torture
ceux de la souffrance
ceux de la patience
ceux de l'angoisse
ceux de l'attente

Car
ce soir soudain surgis
vos mains vos lèvres
vos yeux sont ceux
de mon tout premier rêve
alors qu'enfant mon cœur
ignorait la puissance du mépris
la puissance de la haine

Mais tout est là ce soir qui rappelle
d'une vie antérieure
l'âpre parfum du jour
où malgré l'interdit

> IL A ÉTÉ PENDU CE MATIN À
> L'AUBE UN NÈGRE COUPABLE
> D'AVOIR VOULU FRANCHIR LA
> LIGNE

l'amour s'était promis à soi-même
d'être à jamais fidèle à son désir

ET
tout est là ce soir où nos vies
ont cessé d'être parallèles

— Accrochée à tes pas
accrochée à tes yeux
accrochée à ton âme

je me laissai aller
au rythme de ton drame

Alors
à la tombée d'un jour ensoleillé d'hiver
je fus
        t'en souvient-il
sur la Grand'Place
qui mène au Puits-de-Science

T'en souvient-il

Longtemps après

longtemps après
tu me parlas de toi
de ton enfance un match avec la Mort
de ton refus de dire un mot
ou bien MERCI
ou bien AMEN
ou bien ASSEZ
aux Anges en cornettes blanches
qui défilaient à ton chevet
promettant à ton âme une place gratuite au Ciel
Tu me parlas de toi
de ta convalescence marquée au coin du doute et de la
    Peur
de tes sens fermés au sens de la réalité *ta* réalité
de ton infirmité à pleinement jouir
intensément jouir
de tous ces riens qui font une âme euphémiquement
    créole

— JE SUIS NÉ
disais-tu
tout au bout du Monde

LÀ-BAS
entre la Montagne-des-Tigres
et le Fort-Céperou qui regarde la Mer dîner de soleil
de palétuviers et d'algues
à l'heure où la nuit tombe
sans crier gare au Crépuscule

Du Vieux Dégrad-des-Cannes
témoin de ce qui fut le temps des Négriers

Des Chutes de Rorota dont l'eau est belle et bonne à
    boire
de Montabo-la-Plage huppée
de Bourda le fief du Vieux-Blanc-en-Chef-de-l'heure
de Chaton dont le sable gris-deuil voit s'en revenir
non sans mal du Large
violâtres
défigurés
gonflés
pareils à des gros-ventres
les cadavres de ceux qu'attire Chaton à Pâques et à
    Pentecôte
et que Dieu dans sa mansuétude
punit si gentiment en les noyant à Pâques et à Pente-
    côte
pour n'avoir pas à la Sainte-Table
communié en Dieu à Pâques et à Pentecôte
mais pour avoir à Chaton fait ripaille
à Pâques et à Pentecôte

De Buzaré dont l'ombre rafraîchit
et les rochers depuis toujours supportent
plus d'une amour ardente et chaude

De l'Anse des Amandiers
que nargue l'Enfant-Perdu dans sa détresse de phare

De Katayé où s'en vont crever de vanité les cerfs-volants
des Amandiers
qui n'en peuvent mais de faire
le joli cœur au Ciel

Du Dégrad-Nouveau
de la Pointe qui mène à Kourou
où l'Indien eut
un soupçon de revanche

De la Crique encombrée de pirogues

De la Place des Palmistes
à ton cœur pourtant si proches
ne parvenait guère
le souffle même de l'Orénoque
ton Orénoque

Rivé à la médiocrité du sort
petit-bourgeois crépu
ton âme était d'emprunt
ton corps emmailloté
ton cœur un long soupir

Et nul ne voyait la plante s'étioler
pas même Œil-à-Tout-l'Invisible
qu'en longue robe blanche
accoudé au flanc acajou de ton lit
la tête un instant perdue
dans tes mains pieusement jointes
tu priais à genoux
à l'heure où les enfants se couchent et dorment
sans broncher ni mot dire

Et tes nuits qu'agitaient des leçons ânonnées en *dodine*
s'emplissaient de désirs comprimés

Jeux interrompus la veille à la vue de la clef
par distraction laissée au buffet et au choix
de bonnes choses en réserve
gelée de goyave
liqueur de monbin
mangues Julie jolies jaunies à point
fruits fruits confits
gâteaux secs et lait
lait condensé chipé toujours meilleur au goût

Désirs comprimés

Le beau tour à jouer à Gouloufia
criminellement coupable
d'avoir à lui seul
dévoré à pleines dents
le gâteau que Nanette
la bonne vieille marchande
vous avait en partage
si gentiment offert

Désirs comprimés

Les vacances toujours proches à Rémire
où les Cousins parlaient si librement patois
crachaient si aisément par terre
sifflaient si joliment un air
lâchaient si franchement un rot
et autres choses encore
sans crainte d'être
jamais mis au pain sec
ni jetés au cachot

Désirs comprimés

Les cris de joie feinte
d'autres diraient de rage
que tu poussais à perdre haleine
à la toute dernière fessée reçue pour t'être
sous le regard acerbe de ta mère offusquée
et à la gêne polie de tous
farfouillé le nez
d'un doigt preste et chanceux
au goûter de Madame-La-Directrice-de-l'École-des-Filles

Désirs comprimés

Le mot sale entendu quelque part et qu'un jour
mine de rien
tu servirais à table
au risque de te voir
ou privé de dessert
ou privé de sortie
ou privé des dix-sous-du-dimanche
à mettre en tirelire

Désirs comprimés
dont s'emplissaient tes nuits qu'agitaient
des leçons ânonnées en dodine

Et n'enlevaient ce fort goût d'amertume
que laisse à la bouche au réveil une nuit d'insomnie
ni la tiédeur du soleil matutinal qui ranimait déjà toutes
    choses
ni la volubilité des vieilles édentées en madras calandré
martelant la chaussée d'aise au sortir du premier office
où le Dieu-de-la-Veille
avait été de nouveau loué
glorifié prié
et chanté à voix basse

Et n'enlevaient ce fort goût d'amertume
que laisse à la bouche au réveil une nuit d'insomnie
ni l'odeur rose des dahlias du jardin qu'argentait la
    rosée
ni les cris savoureux de la rue qu'assoiffaient
la biè-nan-nan
kôrôssôl
papaye
coco

Et la maison était triste et basse
où la vie se déroulait mollement
en bordure de la Rue étroite et silencieuse
que le bruit de la Ville
traversait à peine

Et la chiourme avait bel air
à vouloir se jouer
des clefs de Ti-College
aux trois cours d'argile grise ouverte aux vents des man-
    guiers séculaires
dont l'ombre a vu s'ébattre
se battre
trois âges d'hommes-singes

Non par ailleurs mais là était le crime
où sans arme autre que fragile impuissante une larme
    en réserve
l'enfance était gratuitement gardée à vue
de la grand'soif d'air pur
à l'œil de la vigie
à l'œil de Céperou
à l'ombre du mystère ancien jamais encore élucidé
d'une Reine Charlotte en bonnet phrygien figée en
    l'Esplanade
et qu'on eût dit jamais contente

de voir les cailloux de l'Allée dégarnie d'une main sans
    visage
s'en prendre aux manguiers de la Poste
s'en prendre à l'oiseau sur la branche
s'en prendre à Tizozo
morceau d'humour grillé à point

Soif d'air pur qui eût crucifié volontiers
les pensums du Jeudi qui en voulaient à mort
à l'appel de l'Avenue d'Estrées
aux nénuphars du premier Pont venu
au gibier à rôtir sur le vif
déperché à l'arbalète
descendu à l'arbacane

Soif d'air pur qui eût volontiers crucifié
les Pensums du Jeudi qui en voulaient à mort
à l'Habitation Bernetel où dormiraient terrés
des louis d'or du temps jadis en jarres

Pensums du Jeudi qui en voulaient à mort
aux sources vives de Baduel
aux champs de maïs
aux cocotiers dont toute branche tombée annonce
la fin du jour d'un homme

Pensums du Jeudi qui en voulaient à mort
à tant d'eau à la bouche et à la grand'soif d'air pur
bouillant de rage
hurlant au Rond-Point Suzini
hurlant

        Mort à la vache de vie confite
        et vive l'Isle de Cayenne
        mort à la classe

mort à l'École
et vive le Yan-man

Mort au Maître de l'École
et vivent
vivent les rebelles
les réfractaires
les culs-terreux
les insoumis
les vagabonds
les bons absents
les propres à rien

Et vive
vivent la racaille
la canaille
la valetaille
la négraille

Et vivent
vivent les fous
vivent les poux
vivent les cancres
vivent les chancres

Et vivent
ceux qui hier opposèrent
d'instinct
un NON définitif
à la masturbation
de la maison plus que triste et basse
où la vie se déroulait mollement
en bordure de la Rue étroite et silencieuse
que le bruit de la Ville
traversait à peine

ET BLACK-LABEL À BOIRE
pour ne pas changer
Black-Label à boire
à quoi bon changer

IV

SONNE SONNE ET SONNE
sonne à mon cœur mariné dans l'alcool
dont nul n'a voulu tâter à table hier
sonne et sonne
minuit de clair de lune à trois
dont l'image est à jamais en UNE
FEMME entrevue en l'Île aux mille et une fleurs
assise au pied des mornes verts
et filaos échevelés
et flûte de bambou du Pâtre éveillé modulant la ren-
    gaine en sourdine
et le bruit court dans les halliers
et ma voix clame en EXIL
et l'EXIL chante à deux voix
et voici ELYDÉ
et réveillé net de nouveau se déroule le film du rêve
    recréé
et pourquoi en vouloir

POURQUOI EN VOULOIR À TOUS CEUX DONT JE
    SUIS
qui retrouvent enfin
le fil du drame interrompu

au bruit lourd des chaînes
du brigantin frêle
mouillant dans l'aube grise de l'Anse aux KLOUSS
MASKILILIS
malins qui dansent

                    m'expliquerez-vous pourquoi tou-
                    jours sur cet immense fond rouge
                    de sang d'hommes jusqu'au der-
                    nier armés de sagaies et de flèches
                    à l'usage inutiles

Être de ceux qui jamais n'ont cessé d'être
un souvenir qui soudain retrouve enfin
le fil du drame interrompu
au bruit lourd des chaînes
du brigantin frêle
mouillant dans l'aube grise de l'Anse aux Klouss
c'est bel et bien restituer
le parfum fort du rythme des heures claires
battu le rythme
coupé le rythme
et
refoulé le rythme

Être de ceux qui jamais n'ont cessé d'être
un souvenir qui soudain retrouve enfin
le fil du drame interrompu
au bruit lourd des chaînes
du brigantin frêle
mouillant dans l'aube grise de l'Anse aux Klouss
Maskililis
malins qui dansent

                    m'expliquerez-vous pourquoi tou-
                    jours sur cet immense fond rouge
                    de sang d'hommes jusqu'au der-
                    nier armés de sagaies et de flèches
                    à l'usage inutiles

c'est laisser se dérouler la palabre
c'est délivrer le message
c'est chanter le poème à danser
avec les mots que TÈTÈCHE la marchande au tray de
d o c o n o n s
pâtés
pains doux
l'an-mou chinois
l'an-mou Cayen'
fut une après-midi morte de Rue Collège
seule à même
de me ravir d'une langue paresseuse et rebelle
d'une bouche
cousue née

C'est laisser se dérouler la palabre
avec les mots que se disait la Pluie
surprenant au réveil mon corps nu
à même la margelle haute du Puits de pierre grise
de mon enfance qui se moquait de tout
ne s'étonnait de rien
pas même
du CHARLEMAGNE en pied pendu à l'un des quatre
    murs de la classe un Enfer
où le Maître à la main leste
la gifle rude
et vlan
préférait de loin au martinet réglementaire
le long bambou ramené exprès du Yan-man
le jeudi-d'avant-l'orage où les manguiers cossus de la
Grand'Cour
en pleurèrent de rage
de se voir au matin dépouillés et nus

C'est délivrer le message
chanter le poème à danser
avec les mots que se passaient les bancs de ceux
pauvres orphelins de l'Ouvroir
qui regardaient le soleil s'en aller mourir
dans les battues de Macouria
contre la ligne indigo
où le Ciel
par-dessus l'échine de l'homme au sabre d'abattis
se confondait avec la Mer

Chanter le poème à danser
avec les mots qu'éparpillait la Place des Amandiers
qui se riait du vieux kiosque à musique ouvert
et se riait du Poste de Police encore désert
parce que l'homme au Poste de Police encore désert
en était chez DJAKA à son vingtième cul-sec de cœur-
    de-chauffe

Et parce que l'homme du Poste de Police encore
    désert
en était chez DJAKA à son vingtième cul-sec de cœur-
    de-chauffe
il n'avait pu être fait sur-le-champ
aucun constat du viol d'ÉLÉNA MASSOGAN
par le démon dément qui en mangea

Être de ceux qui disent
avec les mots de tous les jours

Voyez voyez déjà la Ville en parle
et sus au Bagne
mort au Bagne
foyer de membres inassouvis

Être de ceux qui disent
Voyez voyez
la Place des Amandiers toute aux vents du Grand
    Large
et la Mer toute à sa propre et belle immensité
et le Ciel tout à ses cerfs-volants ronflants confiants et
    fiers
qui ne soufflent mot du viol d'ÉLÉNA MASSOGAN
mais improvisent un long poème à danser que chantent
ceux dont je suis qui jamais n'ont cessé d'être
un souvenir retrouvant le fil du drame interrompu
au bruit lourd des chaînes
du brigantin frêle
mouillant dans l'aube grise de l'Anse aux Klouss
Maskililis
malins qui dansent

                        m'expliquerez-vous pourquoi tou-
                        jours sur cet immense fond rouge
                        de sang d'hommes jusqu'au der-
                        nier armés de sagaies et de flèches
                        à l'usage inutiles

POÈME
poème à danser que chantent
CEUX dont je suis qui entendent être
non pas les mots
mais qui entendent
être avec eux
au gré du rythme des heures claires
où dégainé le Tambour-Ka
où débandé le tambour-ka
enjambé le tambour-ka
entouré le tambour-ka
raisonné le tambour-ka
cajolé le tambour-ka
réchauffé le tambour-ka

résonné le tambour-ka
enivré le tambour-ka
éreinté le tambour-ka
essoufflé le tambour-ka
et
déchaîné le Kamougué
pieds ivres d'hommes
et non crochus de Klouss
Maskililis
mains vives d'hommes
et non vides
Maskililis
de Klouss
hanches envoûtées d'hommes
et non molles de Ylouss Maskililis malins
chantaient
dansaient
l'âme
l'amour
la mort
la vie de la TERRE-MÈRE

SONNE ET SONNE
sonne à mon cœur mariné dans l'alcool
dont nul n'a voulu tâter à table hier
sonne et sonne
minuit de clair de lune à trois
dont l'image est à jamais en UNE
FEMME entrevue en l'Île aux mille et une fleurs
assise au pied des mornes verts
et filaos échevelés
et flûte de bambou du Pâtre éveillé modulant la ren-
    gaine en sourdine
et le bruit court dans les halliers
et ma voix clame en EXIL

et l'EXIL chante à deux voix
et voici ELYDÉ
et réveillé net de nouveau se déroule le film du rêve
    recréé
et pourquoi en vouloir à CEUX dont je suis
et Dieu soit loué

      DIEU SOIT LOUÉ
      Il me suffit
      d'avoir deux pieds

      J'en aurais beaucoup
      beaucoup trop de douze
      douze pieds comptés pesés
      scandés d'un doigt
      toujours le même
      tout prêt à tout
      bon à couper

      Dieu soit loué
      un deux trois
      Dieu soit loué
      quatre cinq six
      Dieu soit loué
      sept huit neuf
      Dieu soit loué
      dix onze et douze

      Laissez-m'en deux
      ou même un seul
      pour les bons coups
      dont tant se perdent
      non sans regret

SONNE ET SONNE

sonne à mon cœur mariné dans l'alcool
dont nul n'a voulu tâter à table hier
sonne et sonne
minuit de clair de lune à trois
dont l'image est à jamais en UNE
FEMME entrevue en l'Île aux mille et une fleurs
assise au pied des mornes verts
et filaos échevelés
et flûte de bambou du Pâtre éveillé modulant la ren-
    gaine en sourdine
et le bruit court dans les halliers
et ma voix clame en EXIL
et l'EXIL chante à deux voix
et voici ELYDÉ
et réveillé net de nouveau se déroule le film du rêve
    recréé
et pourquoi en vouloir à Ceux dont je suis
et Dieu soit loué
et mille regrets

MILLE REGRETS POUR LA PEINE QUE PEUT
désormais se donner le désir en braise
en des mains proprement siennes
mains morfondues
de ferveur démoniaque
mains mièvres
mains mortes
mains moites
à ce point humiliées d'attendre au prie-Dieu en bois de
    rose
roucouyenne
d'un sien Ancêtre négrier
qu'à mon tour
avant minuit

enfin je me prosterne
et demande à Dieu-en-dieu-soi-même-en-personne
qu'Il daigne et divinement donne à chacun de nous
    deux
si peu que rien de pain quotidien d'amour en pile à la
    créole
des Hiers-bleus-limbés sans fards et sans dilemme
jamais à pile ou face
toujours à pile et face et pile et face et pile et face et pile
    et face et pile et face et pile et face et face
repiquée la mazurka

Mille regrets pour tant de peine donnée perdue
    d'avance
avec l'obsession du long pèlerinage à faire
avant minuit
de l'Église d'Auteuil à Saint-Étienne-du-Mont
sans épargner Daru
sans épargner aucun des trois porches
aucune des trois voûtes
aucune des trois nefs
qui tant espèrent
avant minuit
me voir avant minuit
rendu avant minuit
et seul au flair dans le black-out en quête d'Elle
dont l'image est déjà celle de Celle
qui s'en vint au réveil
à réaliser le rêve
de se pendre
et de se voir
pendue au premier vent d'Avril
après avoir tout empilé
tout enroulé
tout empaqueté
tout emballé

tout et tout emporté
jusqu'au lumignon d'un mistié plein de kérosène
consacrée à trois macumbas
trois orixas
et à un rien même d'herbes enchanteresses
en poudre galibi

Mille regrets pour tant de peine donnée perdue
   d'avance
avec la vanité de tout mea culpa
l'inanité de tout acte de contrition
l'hérésie d'une histoire sainte pas toujours très catho-
   lique
ne vous en déplaise

Vous les toujours-absous-de-la-veille
vous les gringalets des cloches matutines
vous les réveille-coqs
vous les petits-pas-à-demi-comptés
vous les bouches à mouches bées
vous du chapiteau à messes basses
vous les hostiphages
vous les grand-merci-mon-Dieu
vous les ite missa est
les miteux
les mités
vous dont le Seigneur me garde

En vérité
en vérité je vous le dis
jamais plus n'y serai
jamais plus n'en serai
demain avant minuit
minuit de chair de poule
minuit où la Peur avait peur de la peur de sa propre
   peur

minuit des jours sans fine à l'eau
sans Acajou
sans Bacardi
sans Barbancourt
sans Jamaïque
sans Barbados
sans Mère-Javouhey
sans Black-Label
minuit sonné

Minuit

Minuit
et mille regrets
assez de mignardises

Minuit dont ne saurait désormais s'accommoder
la puissance
sans cesse en éveil
des tabous bien bandés
de mon enfance afro-amérindienne

ET BLACK-LABEL À BOIRE
pour ne pas changer
Black-Label à boire
à quoi bon changer

GRAFFITI

(1952)

pour J. R.

MALGRÉ LES SARCASMES DES UNS
malgré l'indulgence des autres
et au grand dam des uns
et au grand dam des autres
plaise à mon cœur
mis un instant à nu
d'afficher sur les murs et autres lieux de la ville
de crier à tue-tête sur les toits de la ville
à bas TOUT
vive RIEN

de quoi les uns
de quoi les autres auront-ils l'air avec
avec tous leurs sarcasmes
avec avec leur indulgence

IL ME SOUVIENT ENCORE
de l'année foutue
où j'eusse
pu
tout aussi bien
sucer
et le pouce
et l'index
du sorcier en soutane

au lieu de l'avaler l'hostie
ma foi mon dieu
mains jointes

COMME UN ROSAIRE
s'égrène
pour le repos
d'une âme

mes nuits s'en vont
par cinq
dans un silence
de monastère
hanté

SUR LE SEIN
bel et bien
flasque
d'un luxe
de maquillage
défait

je me suis
au tout petit matin
réveillé blême
de dépit

LES VAGISSEMENTS
du Petit-de-l'Homme
qui pourra étrangler à jamais
bombarder à la main
la tristesse
le dépit
et la haine qui aime
la haine
et l'amour qui hait
l'amour

Vous arrive-t-il d'entendre
les vagissements
du Petit-de-l'Homme
qui pourra étrangler à jamais
bombarder à la main
la tristesse
le dépit
l'amour qui hait
la haine qui aime
de tristesse
de dépit

MON CŒUR RÊVE DE BEAU CIEL PAVOISÉ DE BLEU
d'une mer déchaînée
contre l'homme
l'inconnu à la barque
qui se rit au grand large
de mon cœur qui toujours rêve
rêve et rêve
de beau ciel
sur une mer de bonheurs impossibles

ELLE S'EN VINT
        d'Elle-même
                    un soir
rôder un soir
autour de ma détresse
de chien tout fou
de chien-tout-nu
de chien tout chien
tout fou
tout nu

Ainsi
        sans plus
                naquit
                    le drame

D'AVOIR UN INSTANT CRU
à la main dégantée
à la main dégantée au printemps
dégantée au printemps né
au printemps né de la magie
de la magie du rythme

la meute édentée
scrofuleuse
et borgne
a crié sus
à mon cœur de fou sans haine

POURQUOI
grands dieux
faut-il que tout se chante
fût-ce
l'amour
à tout jamais soudain
d'une pureté d'albâtre

PARDONNE À DIEU QUI SE REPENT
de m'avoir fait
une vie triste
une vie rude
une vie dure
une vie âpre
une vie vide

car

à l'orée du bois
sous lequel nous surprit
la nuit d'avant ma fugue afro-amérindienne
je t'avouerai sans fards
tout ce dont en silence
tu m'incrimines

JE NE SAIS EN VÉRITÉ
rien de plus triste
de plus odieux
de plus affreux
de plus lugubre au monde
que d'entendre l'amour
à longueur de journée
se répétant
à messe
basse

Il était une fois
une femme vint à passer
dont les bras étaient chargés de roses

VOUS DONT LES RICANEMENTS
d'obscurs couloirs d'air
me donnent
la chair de poule

Vous dont le visage
bouffi rappelle
ce masque qu'empruntait souvent à plaisir
par-delà les mornes agrestes
la lune
la lune de mon enfance sordide

Vous dont je sens
vous dont je sais le cœur
aussi vide de tendresse
que les puits de chez nous d'eau
au dernier carême

Vous dont la présence
proche ou lointaine
énerve ma vie
comme la vieille folle du coin
mon premier sommeil

Vous dont le crime est d'en vouloir
à l'image
qu'il m'a plu
d'avoir un matin
d'ELLE

Vous dont les ricanements
vous dont le visage
vous dont le cœur
la présence
le crime

Et puis vous tous
enfin vous autres
saisirez-vous jamais un rien même
à ce poème
mon drame

DÉSIR D'ENFANT MALADE
d'avoir été
trop tôt sevré du lait pur
de la seule vraie tendresse
j'aurais donné
une pleine vie d'homme
pour te sentir
te sentir près
près de moi
de moi seul
seul
toujours près
de moi seul
toujours belle
comme tu sais
tu sais si bien
toi seule
l'être toujours

après avoir pleuré

AVEC UN RIEN MÊME DE DÉDAIN
dans le regard ouvert de stupeur
la lune
jaune ronde et belle
semble dire à voix basse

En auront-ils bientôt fini les fous
de mitrailler le ciel
de s'en prendre aux étoiles
de tonner sans vergogne
contre ces nuits
où j'eusse aimé
dormir
dormir un seul
et long soûl
d'homme ivre

et
rêver
rêver encore
tout à l'aise encore
d'ELLE

PAR LA FENÊTRE OUVERTE À DEMI
sur mon dédain du monde
une brise montait
parfumée au stéphanotis
tandis que tu tirais à TOI
tout le rideau

Telle
je te revois
te reverrai
toujours tirant à TOI
tout le rideau
du poème où

Dieu que tu es belle
mais
longue à être nue

SOUDAIN D'UNE CRUAUTÉ FEINTE
tu m'as dit d'une voix de regrets faite
tu m'as dit en me quittant hier
tu m'as dit de ne pas pouvoir me voir
avant dix à treize jours

Pourquoi treize
et pas quinze
et pas vingt
et pas trente

Pourquoi treize
et pas douze
et pas huit
et pas dix
et pas quatre
et pas deux

Pourquoi pas demain
la main dans la main
la main sur le tien
la main sur le mien
la main sur le cœur

de mon cœur qui s'inquiète
et qui déjà redoute
d'avoir un beau jour
à t'attendre en vain

TOUTE À CE BESOIN D'ÉVASION
depuis peu satisfait
après avoir des mois durant
si habilement su le cacher

Toute à la joie folle
de te donner nue
au soleil dru
d'août

Toute à l'illusion
d'être libérée
d'un amour qui te pèse à la longue

Toute enfin à cette Côte d'Azur
pas trop retrouvée
et à laquelle maintenant t'attachent
des instants de bonheur à t'en croire
spirituel

Toute à ton besoin
toute à ta joie
toute à l'illusion
toute à cette Côte d'Azur

toute enfin à toi-même et seule
mais rien
mais encore rien
mais encore toujours rien
et rien à mon casier d'hôtel
si ce n'est
pauvre pendu
la clé qui se balance
la clef qui s'en balance

TU NE SAURAS JAMAIS
    combien
            depuis pourtant fort peu
je la sens
sur mon cœur
s'appesantir ta tête
ta tête que mes mains
seraient maintenant
mal venues à chérir

TANDIS QU'IL AGONISE
sans peur
ni prêtre
plus blanc que drap
plus essoufflé
qu'un train qui rentre en gare
d'un fabuleux parcours

l'amour râle un poème
comme d'autres
confient un dernier acte

Et les vers d'eux-mêmes
s'inscrivent
au fronton du mausolée marmoréen
debout à l'image agrandie
de ce qui fut
au rythme d'une nuit
afro-cubaine

QUAND MALGRÉ MOI
bien malgré je pense
qu'au bras d'un autre
tu dors
alors
ma tête entre mes mains brûlantes
alors mon cœur mon cœur
mon pauvre cœur malade
alors seulement je réalise
l'horreur
la pleine horreur
la laideur
toute la laideur
d'une vie étrange et mienne

murs bleus
murs nus
murs blancs d'hôtel gris
murs nus d'hôtel gris
qu'emplit l'écœurement d'un éreintant tic-tac

qu'importe
puisque
malgré moi bien malgré moi je pense qu'au bras d'un
    autre

tu dors

comme d'une rive à l'autre
heureuse et calme
l'eau dort

TOUJOURS CES MOTS
toujours les mêmes
dont il ne semble pas
qu'elle ait encore
jamais jamais
saisi sur l'heure
toute l'inutile cruauté

AIMER TOUT COMME HIER
que sans frapper
elle ouvre
entre
comme
jamais personne
d'autre

c'est encore attendre
des heures
de longues heures
en sifflotant
toujours le même air de fou

debout
contre la vitre embuée
où montent
le bruit lourd
l'odeur du jour qui va bientôt finir

ET MAINTENANT
vois-tu
maintenant que les étoiles en sont venues
à filer toutes
à un train de chauffard

Inutile d'implorer

                L'existence de Dieu se fait
                plus que jamais
                problématique

Passé minuit passé minuit
minuit passé

Inutile d'insister

                Radio-Radio n'émettra
                ni le
                      Boléro
                ni les
                      Ballets russes

Du geste large du semeur
inutile à distance
d'empoisonner la Mer

                    La pieuvre invulnérable
                    renaît toujours d'Elle-même

Entre nous
pas de cadavres

Inutile d'évoquer
la tendresse
des élans de
NAGUÈRE

Et surtout
une fois pour toutes

tiens-le toi pour dit de bon
tiens-le toi pour dit de vrai
tiens-le toi pour dit de sûr
et toujours entre guillemets

                    AVANT la NOCE on affûte
                    les COUTEAUX

Inutile
de vouloir après coup
de vouloir à tout prix
soulever à tout prix le Monde

                    Le Monde a vois-tu
                        bien d'autres choses en tête
                    que de s'attendrir sur un fruit mûr piqué des
                        vers
                    sur des amours frappées à mort du doute amer

JE PENSE AU SALUT DE L'AMOUR DANS LA FUITE
loin de matins à poubelles
loin de crachats gelés l'hiver
loin d'un soleil de confection
            toujours prêt à porter la mort
loin de mains tendues à la belle charité chrétienne
loin de tant
    et tant de visages de haine
loin de nuages
que nul ne voit s'amonceler
et qui menacent de rompre soudain
le charme de tant de tête-à-tête endimanchés
joyeux de l'être

DEPUIS BIENTÔT
déjà
trois ans
farouchement hostile
à tout élan
au moindre épanchement

le cœur n'a plus
qu'à se complaire
dans le rude et calme et dur
regret de jours
qu'il eût mieux valu
n'avoir jamais d'une vie d'homme
vu luire

JAMAIS PLUS
jamais plus une après-midi chaude sur deux
d'illusions
de rêves
la pâle angoisse la folle inquiétude
n'auront à se ronger les ongles
d'attendre à la fenêtre qui regardait d'un œil vague
le gazon incliné du jardin sur lequel deux chères choses
    pépiaient si tendrement l'amour

Car jamais plus
jamais plus une après-midi chaude sur deux d'illusions
    de rêves
la pâle angoisse la folle inquiétude à se ronger les ongles
d'attendre à la fenêtre
qui regardait d'un œil vague
le gazon incliné du jardin sur lequel deux chères choses
    pépiaient si tendrement l'amour
ne verront plus jamais s'en venir
le doux sourire des roses rouges

IL N'EST PAS DE MIDI QUI TIENNE
et bien parce qu'il n'a plus vingt ans mon cœur
ni la dent dure de petite vieille
il n'est pas de midi qui tienne

Prenez-en donc votre parti
vous autres
qui ne parlez jamais d'amour
sans majuscule
et larme en coin
il n'est pas de midi qui tienne

Je l'ouvrirai
                pas de midi qui tienne
Je l'ouvrirai
                pas de midi qui tienne

J'ouvrirai la fenêtre au printemps que je veux éternel

POÈMES NÈGRES
SUR DES AIRS AFRICAINS

recueillis et traduits par L.-G. Damas

(1948)

*

*Images Afrique du Sud
et Sahara*

À LÉOPOLD-SÉDAR SENGHOR

*

Il est un temps pour labourer
Et il en est un pour chanter
Aujourd'hui c'est le temps des chansons

(traduit du rongué)

Traduit du *rongué*, du *fanti*, du *bassouto*, du *toucouleur* ou encore du *bambara*, les quelques textes que nous donnons aujourd'hui auront l'avantage de révéler les aspects multiples de la poésie nègre d'expression et d'inspiration. Poésie dont la caractéristique essentielle réside dans le fait qu'improvisée elle n'est jamais déclamée ni dite, mais *chantée*.

Toute circonstance de la vie, tout événement qui excite l'attention du public est l'occasion d'un poème qui jamais ne différera du langage familier. C'est que l'Africain, qui est né poète et a vite fait d'improviser un chant, ne compose pas pour des savants. Il compose pour être écouté du peuple. Ce qui explique les moqueries, les calembours, les jeux de mots, la simplicité dans l'expression.

Poésie où la rime et le nombre de syllabes n'ont forcément aucun rôle à jouer. Poésie qui attend tout de la cadence et de la mélodie. Tout de la répétition qui engendre le rythme. Tout de l'antithèse et du parallélisme des idées et des images.

Poésie faite de *subtilité*, de *délicatesse* et de *nuances*, notait André Gide, au cours de son inoubliable voyage au Congo.

L.-G. DAMAS

Chants d'amour

IDYLLE

Je tirais l'eau du puits
Soudain il me regarde
Et j'en fus tant émue
Que je lâchai soudain la corde

RAISONS

Demain demain je m'en irai ma mère
Demain demain je m'en irai mon père
Je m'en irai forte d'une hache
D'une hache dont je me servirai pour couper la souche
Contre laquelle s'est blessé mon amour
Contre laquelle s'est blessé
Mon ami mon ami sûr
Dont la ceinture de peaux flotte
pesante jusqu'aux genoux
Amour, mon bel ami pour qui je sarclerai la route
Afin qu'il puisse passer et venir jusqu'à moi
Et s'étendre à mes côtés.

DÉPIT

Refuse-moi tout ce que je veux de toi, la belle !
Refuse-moi ton corps tant que tu veux
Refuse !
Le maïs qu'on mange par chez vous, ce sont des yeux
    d'hommes !
Les gobelets dont on se sert pour boire par chez vous,
    ce sont des crânes d'hommes
Les patates qu'on met à rôtir au feu par chez vous, ce
    sont des doigts d'hommes
Refuse-moi tout ce que tu veux
Refuse-moi tout tant que tu veux
Personne d'autre que moi ne voudra de toi !

SÉRÉNADE

Le ciel est sombre comme un pagne indigo
Le brouillard tombe en gouttes de lait frais
L'hyène ricane. Et le lion en rugit de rage
C'est qu'il est doux de s'ouvrir
À la femme au teint rouge.

PRIÈRE

Mon ami, entretiens-moi bien
    Entretiens-moi dur
    Entretiens-moi fort
La femme se dessèche vite
    Comme le gombo
Ô mon ami, entretiens-moi fort
    Entretiens-moi dur
    Entretiens-moi bien.

SANTA ISABER

Ô j'irai à Santa Isaber
Ô j'irai voir ma mie

Ma mie vit à Santa Isaber
Avec sa mère qui fut belle et qui est riche
Ma mie est belle aussi. Les autres femmes
Ont l'air de captives auprès d'elle

Ô j'irai à Santa Isaber
Ô j'irai voir ma mie
On m'a dit que ma mie aimait deux hommes
Et que ces deux hommes étaient mes amis
On m'a dit qu'elle aimait deux amis
Qu'elle les aimait tous deux d'amour
Déjà il y aurait quatre mains
Pour cueillir la fleur dont je voulais me parer
Ô j'irai bien à Santa Isaber
Ô j'irai voir ma mie

Si ma mie devenait jamais ma femme, Kodio joli,
Je connaîtrais le ciel sur la terre
Mais si elle s'est vraiment donnée à d'autres
Alors malheur à eux et malheur à moi
Je tuerai ceux qui ont pris ma fleur
La fleur de Santa Isaber
Ô j'irai bien à Santa Isaber
Ô j'irai voir ma mie

Car sans doute m'a-t-on menti
La langue va plus vite que la langue
La parole va plus vite que le vent
La haine est comme un cheval au galop

Près de sa mère ma mie m'attend
Ma mie attend que je revienne
Ô j'irai à Santa Isaber
J'irai bien voir ma mie.

JAMAIS PLUS

Je ne porterai plus de pagnes d'écorce
Je ne porterai plus de pagnes d'écorce d'arbre
Mon maître arrive
Je ne boirai plus de vin de palme
Je ne boirai plus de vin de palme du Baoulé
Mon maître arrive
Je ne boirai plus que vins d'Europe
Je ne partagerai plus la couche d'un homme
Je ne partagerai plus la couche d'un homme d'Apol-
    lonie
Mon maître arrive
Je ne partagerai plus que la couche
Je ne partagerai plus que la couche du Blanc
Mon maître arrive.

PARTI-PRIS

Monsieur monsieur je suis mariée
Je suis mariée
Avec Koffi
Le Noir
Ne m'en contez donc pas
Je suis mariée depuis longtemps
Et pour toujours
Avec Koffi
Le beau

126

Avec Koffi
Le fort
Avec Koffi
Le Noir.

Chants de guerre

Donne-moi de la poudre et des fusils
Je partirai demain
J'entends leur couper la tête
Je partirai demain
Ils ont de jolies femmes
Je partirai demain
Ils ont aussi de l'or
Je partirai demain
Aujourd'hui je suis tout aux balles que je fais
Je partirai demain
Aujourd'hui je suis tout au sacrifice que j'offre
Je partirai demain
J'entends leur couper la tête
Je partirai demain
Donne-moi de la poudre et des fusils
Je partirai demain.

NOUS, LES AMAZONES

Arrachons retournons rejetons-nous le cœur
Que l'homme fasse la récolte du manioc
Arrachons retournons rejetons-nous le cœur
Que l'homme fasse la récolte du manioc

Nous les Amazones
Arrachons déchirons rejetons-nous le cœur
Que l'homme fasse la récolte du manioc
Jusqu'à ce que notre bouche s'ouvre pour avaler la cale-
    basse
Le chemin du sang reprendra le chemin du sang
Arrachons déchirons retournons rejetons nous le cœur
Nous les Amazones
Arrachons déchirons rejetons-nous le cœur
Que l'homme à notre place
Fasse la récolte du manioc.

LE SERMENT

En joue En joue Tirez
Dispersez-vous afin de bien tirer
Que celui qui tire suive la fumée de son fusil
Nous ne vivons tous que pour te servir Ô Roi des Perles
Que nous nous trouvions en présence d'une armée de
    braves
Nous n'aurons peur de rien
Nous serons invincibles
Nous serons invaincus
Nous ressemblerons au buffle qui ne saurait se perdre
Au milieu de moutons
Nous nous armerons de nos fusils pour en tuer
Nous nous munirons de nos sabres pour en tuer
Tous ensemble ils mourront
Et il en mourra plus d'un
Car nous serons armés de nos fusils pour en tuer
Nous nous serons muni de nos sabres pour en tuer
Le sang coulera en cascade
Des têtes seront coupées
Quel bruit déjà font nos pas
Tous ensemble ils mourront
Et il en mourra plus d'un.

GLOIRE À MOSHEH

Les troupeaux ne disent-ils pas
Nous couvrons les plaines de boue
Ne disent-ils pas
Nous faisons de profonds sentiers dans les champs

Alors que la terre était sèche
On vit les guerriers transpirer
Les hommes des hommes mourir de soif
Essuyer en vain la sueur
Qui leur coulait du front

Le brave Lisaniane lui-même
A dû s'asseoir pour respirer
Il s'est assis avec Sacoane

Insensible à la fatigue
Mosheh s'avance vers la ville
Gagne la porte par où entrent les braves

Les femmes des maisons d'en bas
Machéli et Mamachélise
Entr'ouvrent les roseaux
Qui entourent leurs demeures
Et disent
Nous voulons voir
La génisse aux couleurs bigarrées
La génisse rayée par le feu

Machéli et Mamachélise
Disent
Qu'on nous montre la fumée des fusils encore chauds

Elles disent
Mosheh est un vieux léopard sans dents
Il a déchiré de ses griffes
Le manteau de toiles d'araignée
Son bras est moucheté
Son bouclier brille comme un tison ardent
Et luit comme la demi-lune

Elles disent
Mosheh s'est emparé de la vache blanche
Il lui a rasé la tête
Il a tondu la génisse de Namékoé

Elles disent
La génisse de Mosheh est blanche et rousse
Ces génisses sont le fruit de la guerre
De la guerre que gagnent ceux qui combattent vaillam-
    ment
Que la vache de Chopo entre dans la ville
Au milieu des cris de deuil
Et des lamentations

Elles disent
Un serpent impur l'a souillée
La vache de Chopo n'est plus qu'une vulgaire bête des
    champs
Détournez-la de mon troupeau qu'elle pourrait souiller
Qu'on la conduise loin de la ville
Qu'elle aille vêler parmi les animaux sauvages
Ces troupeaux d'où viennent-ils

Demandez-le donc Machéli
Demandez-le donc Mamachélise
Demandez-le à ceux qui se plaisent
À s'asseoir sur les rochers plats qui bordent les mon-
    tagnes

Demandez-le à ceux-là seuls qui savent observer ce qui
se passe autour d'eux
Et s'en entretiennent
Demandez-le à ceux-là seuls qui savent d'où provient le
butin
Demandez-le à ceux dont la sagesse a concerté le plan
de guerre
Et dirigé les pas des jeunes guerriers
Demandez-le aux vieux.

Chants funèbres

Diossé m'a dit
Diossé m'a dit à moi la vieille
    Laisse-moi Laisse-moi me sortir de l'impasse
    Va le demander aux Blancs qui m'y ont mis
    Va le demander à leurs soldats
    Va voir les bords du marigot à sec

Mais moi la vieille
Moi la vieille je dis
    Diossé ne s'est pas enfui mais il a bel et bien
    Diossé a bel et bien perdu son beau renom
    Samba s'est enfui
    Ce qui me porte à croire que les Blancs
    Quoi qu'on en dise
    Sont braves

Moi la vieille
Moi la vieille je dis
    Samba a eu peur
    Samba a eu peur de la peur des Blancs
    Samba a eu peur
    Samba de Massantola n'est plus un homme

Les sœurs de Samba
Les sœurs de Diossé m'ont dit
Les sœurs m'ont dit à moi la vieille
    Samba et Diossé ont déchaîné la guerre
    Ils ont déchaîné la guerre pour rien
    Ils ont fait tuer des amis
    Ils les ont fait tuer pour rien

Mais moi la vieille
Moi la vieille je dis
    Je n'ai plus de fils
    Je n'aurai plus rien à me mettre
    Rien à me mettre sous la dent
    Je n'aurai plus rien à me mettre
    Rien à me mettre sur le dos
    Or je suis vieille

Mais nous
Nous les sœurs de Samba
Nous les sœurs de Diossé
Nous te disons à toi la vieille
Nous te disons
Ne pleure pas
Ne te pleure plus bonne vieille
Nous nous marierons
Nous te nourrirons

Ne pleure pas
Ne pleure plus bonne vieille
Et laisse
Laisse Samba
Laisse Diossé à leurs méfaits

DOULEUR DE FEMME

Maintenant qu'il n'est plus mon maître
Qui donc désormais cultivera mon champ pour moi
Ceux de mon sexe se joueront de moi
Ceux de mon sexe me mépriseront
Ceux de mon sexe se moqueront de ma peine

Maintenant qu'il n'est plus mon maître
À qui désormais m'adresserai-je dans le besoin
Mon ami
Ami sûr est-il donc vrai que tu m'aies laissée
Moi ton épouse
Moi ton épouse fidèle

Viens et prends-moi ami mon ami sûr
  Viens et prends-moi de peur que je sois seule ici-bas
Seule ici-bas
Comment pourrai-je te pleurer assez
Toi mon maître
Toi mon seul maître.

KODIO PLEURE

Nous étions trois femmes
Trois hommes
Et moi Kodio Ango
Nous allions turbiner à la ville
Et j'ai perdu ma femme Nanama en route
Moi seul ai perdu ma femme
À moi seul il est arrivé pareil malheur
À moi seul Kodio le plus beau des trois garçons pareil
  malheur est arrivé
C'est en vain que j'appelle ma femme

Elle est morte en cours de route comme un poulet en
 chemin
Comment le dire à sa mère
Comment le lui dire moi Kodio qui ai tant de peine à
 retenir ma peine.

Chants satyriques

MA MIE DÉDÉ

On l'appelle Ma Mie Dédé
Elle s'est donnée aux pères
Elle s'est donnée aux enfants
Et voilà pourquoi nul n'en veut plus.

LA MAÎTRESSE SERVANTE

Je suis une servante
Je vais de-ci de-là
Je n'ai rien à faire
J'obéis à mon maître
Dont je fais ce que je veux.

COCU ET CONTENT

Ma femme m'avait bien dit
Je m'en vais au marché
Je m'en fus à mon tour au marché
Où je n'ai point
Où n'ai point trouvé ma femme

Mon ami m'avait dit
Je m'en vais en boutique
Je m'en fus à mon tour en boutique
Où je n'ai point
Où n'ai point trouvé d'ami

Passant par la plage
À la fin du jour
J'aperçois l'ami
De tout son long couché
Couché sur ma femme

À coups de couteau
Je l'eusse certainement
Certainement tué
S'il ne s'était à temps
À temps réveillé

Juste pour me donner
Me donner cinq livres
Cinq livres que j'ai prises
En la reprenant
Reprenant ma femme

Car l'eau efface l'odeur
L'odeur de l'amour
Or l'argent ne sent
L'argent ne sent rien.

ON DIT

On dit que Mansah va au temple des Blancs
Pas seulement pour louer le Dieu des Blancs
On dit qu'elle met son plus beau pagne

Pas seulement pour honorer le temple des Blancs
On dit que le ministre est joli garçon
Et que Mansah s'en est aperçue

Ahyiko Mansah
Va voir le bâton du ministre
Va voir le bâton du ministre

On dit que le ministre a une femme
Et que Mansah a déjà un petit garçon
Il a tout de suite une seconde femme
Et Mansah aura bientôt un autre garçon
Un garçon qui comme ses parents
Préférera l'amour aux offices du temple
Ahyiko Mansah
Va-t'en voir le bâton du ministre
Va-t'en voir le bâton du ministre.

C'EST AUJOURD'HUI DIMANCHE

Mon ami, donne-moi cinq francs pour mon dimanche
Donne-moi cinq francs pour mon dimanche
Si tu ne me donnes cinq francs
Comment diable saurais-je que c'est dimanche
Comment diable prier Dieu pour toi au temple
Comment diable faire un très bon foutou
Mon ami ami garde ton avarice pour tout autre jour
Qu'aujourd'hui dimanche
Et me donne cinq francs pour mon dimanche
Cinq francs aujourd'hui dimanche.

AMOURS MORT-NÉES

N'as-tu pas vu cette femme qui recherche Aouagbé
Qui fait fuir Aouagbé dès qu'elle s'en approche

Un pagne déchiré qui ne peut couvrir le corps
Ne ressemble pas à un pagne

Moi Aouagbé je dis
J'en ai assez de te sentir toujours à mes talons

Musaraigne
Ton odeur me déplaît
Et je l'évite
Femme
Tu es le papillon qui virevolte
Et passe-partout

Le pays entier te connaît
Nous tes pays te connaissons bien
Toi dont la coquetterie porte à faux
Comme le piège qui se referme à faux elle ne m'a pas
    eu

Et
Reprenant ma chanson pour en finir
Je dis
N'as-tu pas vu cette femme qui recherche l'amour
    d'Aouagbé
Qui fait fuir Aouagbé dès qu'elle s'en approche
Un pagne déchiré n'est pas un pagne
La musaraigne qui ne se lave jamais laisse toujours une
    odeur forte
Sur son passage.

DOSSIER

NOTICE BIO-BIBLIOGRAPHIQUE

Léon Gontran et sa sœur jumelle Gabrielle naissent à Cayenne (Guyane française) le 28 mars 1912. Les disparitions successives de Gabrielle, de Marie, sa mère martiniquaise et de Bathilde, sa grand-mère paternelle, ont déjà marqué à jamais Léon lorsqu'il reçoit en 1916 le patronyme des Damas, hérité d'une métisse amérindienne et africaine, descendante des Peulhs ou des Toucouleurs.

Fonctionnaire des Travaux publics, le père confie l'éducation de son dernier fils aux bons soins d'une cousine, Gabrielle Joséphine, dite « Man Gabi » dans l'œuvre de l'écrivain.

À l'exil intérieur succède assez vite un exil géographique, vécu tout à la fois comme une déchirure et un lien affectif rattachant le garçon à sa fratrie, disséminée en Martinique et en région parisienne.

Études au lycée Schœlcher de Fort-de-France. De 1924 à 1927, Aimé Césaire, Thélus Léro et les frères de Jenny Alpha comptent parmi ses plus proches camarades de classe. L'enseignement et l'engagement de ses professeurs Louis Achille, Gilbert Gratiant, Jules Monnerot, Octave Mannoni et Raymond Burgard forment le jeune Guyanais qui, à l'automne 1927, quitte la Martinique pour Meaux.

Bien ancré dans la réalité d'un « petit-bourgeois crépu » de 1929, l'élève de seconde doit se soumettre au diktat familial et s'orienter sur une voie de professionnalisation rapide et honorable. Nanti d'un prix de récitation et du Prix de la défense nationale « décerné par les élèves à ceux d'entre eux qui sont jugés avoir le mieux rempli leurs devoirs d'écolier et de camarade », il s'inscrit à la préparation d'une capacité en droit. Nul carriérisme cependant chez lui. Aussi rebelle par ses idées que dans sa vie, il étudie à l'École des langues orientales et fréquente la faculté de lettres. Dès 1930, le « Paris-Nombril-du-Monde » de Damas est un kaléidoscope qui lui restitue les cartes d'une diaspora noire de laquelle son oncle, ami du Sénégalais Blaise Diagne comme de l'historien Noir américain Carter Woodson, lui avait tant parlé en Guyane.

Au contact immédiat du célèbre journaliste J.A. Rogers, un Noir américain d'origine jamaïcaine, Damas s'initie tout d'abord aux plaisirs nocturnes de la Ville Lumière, qui compte encore toute la crème de Harlem. Étudiant bohème, il fréquente la plupart des artistes et intellectuels du monde anglophone de passage à Paris. Une Afrique bien réelle se révèle aussi à lui par la voix des aînés, celle entre autres des étudiants Soulèye Diagne et Léopold Sédar Senghor. Au Quartier latin, il retrouve également les grands frères du lycée Schœlcher, regroupés au sein d'une association étudiante à compter de 1931. Un certain nombre d'entre eux entendent bien participer aux débats de la société, à commencer par ceux qui secouent leur communauté d'origine. Culture et politique sont au cœur de leurs préoccupations.

Aussi proche du cercle des sœurs Nardal que des fondateurs de la revue révolutionnaire et surréaliste *Légitime Défense*, Damas signe dans *La Dépêche africaine* du 1er janvier 1932 un article intitulé « Assez de cette politique de personne », dont le style cinglant est déjà celui d'un écrivain en gestation :

> *Dans tous les pays civilisés, on s'attaque à un programme. Je ne sache pourtant pas que la Guyane soit encore sauvage. [...] C'est à qui mieux mieux d'inventer les termes les plus injurieux, les plus veules, les plus orduriers. Aucune thèse, pas de polémique. Nous n'avons affaire, faut-il observer, qu'à des journaleux qui ont un plan bien défini : dresser une famille contre une autre, faire du chantage et encore !!! et préparer la révolte. [...] Au nom d'un groupe de jeunes dont nous connaissons la saine mentalité, et tout le mal qu'ils éprouvent à comparer leur terre moins embellie que d'autres et cependant plus favorisée, il est temps que cesse cette tyrannie.*

Étudiant de l'Institut d'ethnologie, boursier de la Martinique grâce à une intervention de l'administrateur Félix Éboué, Damas vit néanmoins toujours d'expédients. Tour à tour barman à la Boule Blanche, travailleur aux Halles, ouvrier dans une usine de nickelage, plongeur ou distributeur de prospectus, il se forme au journalisme auprès des équipes de Lucien Vogel, grand magnat de la presse française des années 1930. Mais c'est à la poésie qu'il songe surtout, à l'instar de ses amis, le Russe Adrian Miatlev et le Martiniquais Étienne Léro. Aux côtés de ce dernier, il fait la connaissance de deux poètes de *La Revue nouvelle*, Jacques Audiberti et Edmond Humeau, avec qui il se lie aussitôt d'amitié.

Contrairement au groupe de *Légitime Défense*, il ne s'attache pas à la compagnie d'André Breton, lui préférant une personnalité entrée en dissidence : Robert Desnos. Il doit cette rencontre à Michel Leiris qu'il côtoie aussi bien dans les réunions d'étude du groupe *Masses* qu'à l'Institut d'ethnologie. Tout d'abord effrayé par l'importance et la réputation des hôtes du poète, Damas trouve rapidement sa place dans les soirées de la rue Lacretelle, puis de la rue Mazarine. Le Tout-Paris intellectuel, et antifasciste en particulier, se rencontre là. « Au contact de ces hommes », précise-t-il, « je prenais de plus en plus conscience, non seulement de ma qualité de nègre, mais de ma qualité de Guyanais et de ma qualité d'homme tout court. »

Le 10 juillet 1934, il quitte Bordeaux avec des camarades martiniquais pour son premier retour au pays. Tenu en haute estime par le professeur Marcel Mauss, il est missionné par l'Institut pour mener à bien une étude de plusieurs mois consacrée aux « survivances africaines en Guyane ». Son voyage est en grande partie financé par Lucien Vogel, qui lui a confié un reportage sur la plus misérable des « vieilles colonies d'Amérique » à la veille du tricentenaire de son rattachement à la France. « Une peine immense s'est à jamais bel et bien installée au cœur gonflé de l'homme », que le destin n'épargne visiblement pas. Un mois jour pour jour avant son départ, en effet, Man Gabi décède d'une crise cardiaque au cours d'une procession religieuse. « Je me sentais redevenir enfant […]. Enfant. J'étais enfant », écrira-t-il. Dans une souffrance inextinguible s'achève ainsi une année universitaire qui a également emporté, à Paris, sa sœur Édith et leur père. Orphelin, Damas va partager son temps d'étude auprès des siens, entre la Martinique et la Guyane. Lui qui n'a pas pu accompagner Man Gabi jusqu'en sa dernière demeure reviendra de ce retour aux sources avec toute la matière nécessaire à la rédaction d'un documentaire, *Retour de Guyane* (José Corti, 1938) et d'un recueil de contes créoles guyanais, *Veillées noires* (Stock, 1943).

En son absence, la revue *Esprit* qui tente de surmonter l'opposition historique entre la gauche et la droite en rejetant tout à la fois libéralisme, capitalisme, cléricalisme, matérialisme individualiste ou collectif et la frauduleuse solution fasciste, publie cinq de ses poèmes. Ce qui lui vaut ce commentaire du *Mercure de France* : « Peut-être M. Léon Damas, Noir cultivé, qui écrit en « petit nègre » aussi bien que quelques Blancs, jouera-t-il un rôle politique et profitable aux Noirs de toute espèce ? Dans l'attente, il n'est pas un poète exceptionnellement doué. »

De retour en métropole, il délivre ses poèmes à *L'Étudiant noir*, le journal de l'association des étudiants martiniquais dont le nouveau président n'est autre qu'Aimé Césaire, à qui l'on doit le néologisme « négritude ». De grands titres culturels du Rassemblement des gauches comme *Les Cahiers du Sud* et *Soutes* se saisissent de sa poésie qui « frappe comme une mitrailleuse » avant la parution aux éditions Guy Lévis Mano du recueil *Pigments* (1937), introduit par Robert Desnos avec un bois gravé de Frans Masereel. Ses poèmes — « battements de cœur » « jusqu'en hautes névralgies » —, Louis Aragon et Jean-Louis Barrault les lisent au cours d'un rassemblement, salle Pleyel, contre l'invasion de l'Éthiopie par les troupes mussoliniennes. Œuvre fondatrice du mouvement de la négritude, *Pigments* bouleverse tous ceux qui, à cette époque, sont effrayés par le triomphe des fascismes.

Homme d'engagement, d'une grande honnêteté de cœur, Damas ne pontifie pas et multiplie ses interventions auprès de « ceux qui/hier opposèrent/d'instinct un NON DÉFINITIF » au bourrage de crâne, à la peur de l'autre, à la peur terrifiante de leur propre peur ; à la ségrégation, à la colonisation ; au fascisme, au racisme, au mutisme.

Après la chute du gouvernement socialiste, sous lequel a

paru *Pigments*, la surveillance se resserre autour de cet intellectuel qui se revendique *nègre*. Tant de gens viennent à lui que les autorités le suspectent de fomenter une révolution. D'où la perquisition de son domicile, son interrogatoire par deux agents de la sûreté nationale et la censure rétroactive de son recueil poétique.

Correspondant de guerre attaché au service de l'agence Radio, Damas est mobilisé sous les drapeaux au grade de 2e classe de l'infanterie coloniale. Alors qu'un bombardement décime toute sa compagnie, il est pris en charge par le parc d'artillerie que commande le colonel de Gaulle. À la fin de la bataille de France, une marche de sept cents kilomètres le conduit de Chartres à Pamiers, avant de rejoindre Fréjus pour s'y voir démobilisé le 8 août 1940. Plus que jamais décidé à honorer les principes fondateurs de son existence («ne jamais trahir, pour ne pas l'être; réaliser tout projet que j'ai conçu, quoi qu'il puisse m'en coûter; être dur enfin, vis-à-vis de moi-même»), il se rend, mandaté par un groupe d'Antillais et d'Africains, auprès du ministre des Colonies pour lui signaler l'état déplorable dans lequel sont abandonnées les troupes noires cantonnées à Fréjus et obtenir des autorités que les «hommes de couleur», en instance de démobilisation ou démobilisés, aient des papiers leur permettant de regagner leur domicile. Mais le racisme des autorités allemandes, partagé par l'administration de Vichy, n'épargne pas le ministre lui-même, un mulâtre martiniquais, révoqué deux mois après sa nomination, du seul fait de ses origines raciales.

À la reprise des émissions radiophoniques destinées aux colonies, Damas est invité à lire des contes créoles. Réalisant rapidement le piège qui lui a été tendu avec ces émissions qu'il signe de son nom, il démissionne, «franchit la ligne» interdite aux réprouvés, «aux Juifs, aux Nègres, aux Israélites et aux hommes de couleur, même aux Martiniquais» et regagne Paris.

Ironique et tendre, fantasque et pathétique, Damas est fidèle à l'amitié, à la vie et à la mort. À la veille des premières grandes vagues d'arrestation, sur les conseils d'Edmond Humeau et de Robert Desnos, il est affecté comme contrôleur principal à la censure de presse à Toulouse, où il retrouve de nombreux amis dont Birago Diop qui confie dans ses Mémoires que

Damas connaissait bien mieux qu'eux « le Toulouse clandestin » de la Résistance ; puis à Lyon, où il aura des démêlés avec Charles Maurras. Dès lors, il regagne Paris. Sous la direction de François Perroux, il est en charge d'une mission, établir un rapport complet sur la « situation des hommes de couleur en France, de 1919 à 1940 ».

En vertu de ses activités passées, le « réprouvé » Damas encourt bien des dangers à vouloir se réinstaller au cœur de la capitale, dans un « galetas » de l'hôtel Victoria. Mais aussi étrange que cela puisse paraître, la communauté noire se reconstitue de manière impressionnante, au vu et au su des autorités allemandes. Comble de l'ironie sans doute encore, les fins stratèges du gouvernement de Vichy s'emploient à regrouper les gens de couleur en organisant à leur intention camps de vacances et foyers coloniaux. Des fonctionnaires de l'Instruction publique qui ne sont pas acquis aux idéaux vichyssois saisissent cette occasion pour promouvoir quelques brillants sujets. Maître d'internat, Alioune Diop, le futur fondateur de Présence Africaine, reçoit ainsi du ministère une « carte d'invitation » pour Paris en vue d'y préparer une agrégation. D'autres étudiants noirs resserrent les rangs pour poursuivre leurs études interrompues à la mobilisation : Albert Béville, Guy Tirolien, Sourou Migan Apithy pour ne citer que quelques noms.

Œuvrer à la dignité de l'être est un pari difficile quand une fureur grandissante multiplie rafles et délations. « Déraciné de ses assises naturelles, mal inséré dans la nouvelle communauté, négligé par l'opinion publique, l'étudiant colonial peut encore être dans son humanité profonde. Chez les plus téméraires de ces aventuriers spirituels que nous sommes », écrit l'un d'eux, « il y a eu du suicide, et beaucoup de déséquilibrés ne sachant plus quel sens donner à la vie, à leur vie… ». Au foyer du boulevard Saint-Germain, ils retrouvent pourtant Léopold Sédar Senghor et Léon Gontran Damas, rejoints par des personnalités de l'intelligentsia venues y animer quelques discussions : le professeur Georges Pompidou, le géographe Pierre Gourou, l'économiste Jacques Madaule, l'ethnographe Marcel Griaule, sans oublier les écrivains Albert Camus et Roger Martin du Gard. Paris, c'est aussi *Le Méphisto,* un café que Damas transforme en atelier pour talents prometteurs et qui appartient aux propriétaires de la *Rhumerie martiniquaise*. Le bistro est « ce carrefour symbolique, cet espace dérisoire où viennent s'oublier et renaître les même rêves, les mêmes élans et les mêmes déceptions », comme l'écrit Katherine Dunham en préface à un ouvrage de leur camarade Jean-Louis Baghio'o, « de telle sorte que si les villes, les provinces et les nations ne sont comparables entre elles ni par leurs richesses, ni par leurs us et coutumes, elles le sont du moins par ces lieux sombres où l'on découvre la mystérieuse identité humaine ». Nouvelle ironie du sort : le jour de la première livraison de *L'Étudiant de la France d'Outre-Mer*, Damas est arrêté par la Gestapo. Quelques mois plus tard, c'est le collaborateur des Éditions de Minuit, son ami Robert Desnos qui est arrêté et déporté. Il mourra en camp de concentration.

« Malgré les visites à domicile, malgré les rafles, malgré les flics, malgré les fouilles, malgré les bombes à retardement », Damas œuvre déjà à la préparation d'une anthologie des « Latitudes françaises », d'une « littérature jusqu'ici inconnue et qui s'ignore elle-même — et pour cause ! » Sa pugnacité à se mettre au service de cette littérature se redécouvre à la lecture du catalogue des éditions Fasquelle, à travers la collection « Écrivains d'Outre-Mer » qu'il fonde et dirige dès 1945.

Quant à son intrusion à la Chambre et sa lutte pour les indépendances africaines, elles restent encore trop souvent oubliées, à l'ombre du long parcours des deux autres figures tutélaires de la négritude, grandes figures noires de la République.

Dans l'immédiat après-guerre, les appels à l'union et à la reconstruction alimentent rituellement un discours politique fait de réminiscences. Des formes éprouvées reprennent vie. Homme de radio et directeur d'une collection littéraire, le poète soutient le Mouvement de la renaissance guyanaise initié par René Jadfard dont il vient de publier les *Nuits de Cachiri*. Contrairement à Aimé Césaire et à Léopold Sédar Senghor, le Guyanais n'est pas encore « pris au nœud coulant » du jeu politique. C'est en homme libre qu'il participe à la campagne électorale de son compatriote. Des « graffitis » politiques sont inscrits à la chaux blanche sur la terre rouge de Guyane pour contourner une censure administrative. « Debout dans [sa] triple fierté de sang-mêlé », Damas « tranche dans le vif » en éveilleur de consciences car l'heure, pour les coloniaux, n'est plus aux sermons et bonnes paroles.

Quand « sonne et sonne » la victoire du mouvement en novembre 1946, le poète — alias André Cabassou, son pseudonyme comme journaliste — s'écrie à la jeunesse guyanaise : « Vous en sortirez, maintenant que le dernier acte de la comédie burlesque est joué. Vous en sortirez, parce que vous en avez assez d'être bluffés, roulés, volés, tondus, cambriolés, dévalisés, pillés. Vous en sortirez pour avoir, le 10 novembre dernier, réagi en congédiant Gaston, en renvoyant Monnerville à sa propre inconsistance, à ses mensonges, à son néant. » Ce que Jadfard devait taire pour ne pas effrayer l'électorat modéré, Damas pouvait l'exprimer. Le manuscrit de *Black-Label* se façonne peu à peu. Celui de *Graffiti* aussi ; ces poèmes sur papiers griffonnés ne sont qu'amour, des « amours frappées à l'origine à mort du doute amer ».

Trois fragments de ces volumes en préparation, « Je ne sais en vérité », « Elle s'en vint » et « Banalité sans aucun doute », sont traduits en anglais dans une anthologie de Langston Hughes parue en 1949. Damas est au Palais-Bourbon depuis le 4 janvier 1948, remplaçant dans ses fonctions René Jadfard, disparu accidentellement. Commérages, mesquineries, calomnies vont néanmoins se charger d'évincer cet intellectuel au parisianisme trop prononcé et aux mœurs prétendument dissolues. N'a-t-il pas épousé une artiste martiniquaise de cabaret, dénommée Yanilou ? Et peu importe que celle-ci soit la fille du premier agrégé noir d'anglais, Louis Achille, puisqu'elle ose chanter « doudou baissez bas ». Aussi incongrue soit-elle, la cabale contre Damas se prépare en Guyane, au sein même du Mouvement de la renaissance guyanaise, faisant la part belle au camp gaulliste et à son candidat. Soutenu par la socialiste Eugénie Éboué-Tell, la belle-mère de Léopold Sédar Senghor, Édouard Gaumont remporte l'élection du 17 juin 1951.

À propos de son échec politique, Damas déclarera bien plus tard : « Voilà un métier pour autrui, pas pour moi ». « Et maintenant », aurait-il pu encore rétorquer, « passé minuit passé minuit / minuit passé »… « avant la noce on affûte les couteaux », pour reprendre le titre d'une magnifique tapisserie de Jacques

Lagrange, artiste un tant soit peu oublié, qui fut pourtant aussi le coauteur de plusieurs films de Jacques Tati, dont *Mon oncle*.

Une grande soif de liberté, un perpétuel ricanement, un mépris affiché pour les gredins, les menteurs, les lâcheurs, ne font certes pas partie des attributs conventionnels d'une personnalité politique. Mais par amour-propre — ou par amour tout court pour un « pays à son cœur accroché » —, Damas s'est représenté aux élections législatives du 2 janvier 1956 : un progrès certain de son audience ne lui assure cependant pas la victoire. En une décennie à peine, la tendance à la personnalisation de la vie politique s'est pourtant infléchie en Guyane vers une plus grande appréhension des données proprement politiques. Là réside peut-être le franc et plein succès politique de Damas. Pour le reste, comme l'écrit Lautréamont, « c'est le poète qui console l'humanité/les rôles sont arbitrairement inversés ».

De son activité parlementaire, il convient néanmoins de retenir, en marge des propositions de lois concernant sa terre natale, sa participation à une commission chargée d'enquêter sur les violents incidents survenus en Côte d'Ivoire au cours de l'année 1949 jusqu'au début de 1950. Les auditions intégrales des protagonistes révèlent toute l'habileté de cet ancien journaliste à poser les questions pertinentes en vue d'obtenir de ses interlocuteurs les plus récalcitrants les données nécessaires à l'évaluation exacte d'une situation de crise. Ses multiples interventions témoignent indubitablement de son engagement, non seulement en tant que Noir révolutionnaire, mais aussi comme homme politique.

Les achevés d'imprimer des trois recueils poétiques réunis dans le présent volume mettent si bien en évidence la concomitance des livraisons du poète avec les rendez-vous électoraux de l'impromptu politique, qu'on ne saurait imaginer qu'elle soit un simple fruit du hasard ; et ce d'autant plus que chaque titre semble délivrer un message : *Poèmes nègres sur des airs africains* (« Poésie commune », février 1948) ; *Graffiti* (« Cahiers PS », 3 janvier 1952) et *Black-Label* (« Blanche », 9 janvier 1956).

« En marge/des bavardages/en marge des théories », le premier ambassadeur de la négritude n'a jamais cessé, sa vie durant, de «franchir la ligne» pour dépasser toutes les frontières de l'hypocrisie. Aux thuriféraires qui tentaient de l'opposer à ses amis Aimé Césaire et Léopold Sédar Senghor, il répondait sardoniquement : « Nous n'avions pas besoin d'être trois pères pour créer un mot. Il n'était pas nécessaire de conjuguer l'effort de trois nègres pour lui donner le jour. D'un tempérament sceptique, autant que l'est Prévert, me revient un poème de ce dernier : "Notre Père qui êtes aux Cieux, restez-y, et nous nous resterons sur la terre qui est quelque fois si jolie." » En 1938, dans son *Retour de Guyane*, ne s'était-il pas déjà autorisé «une impertinente réminiscence» d'un vers du «Temps des noyaux» pour fustiger une politique d'assimilation et un projet de loi de départementalisation? «Le temps des vieux vieillards est» à ce point «passé» pour lui qu'il est resté, «fidèle à lui-même», à l'écoute sur trois continents de la jeunesse, la conseillant sans relâche et sans protocole malgré une santé précaire.

Plus qu'un grand homme, Damas est un grand frère, un ami, bâtisseur de «pierres vives». Son combat contre toute forme de déshumanisation s'est achevé en exil, le 22 janvier 1978, à l'autre bout du monde, à Washington D.C., où se trouve exposé en haut du Capitole «un Amérindien, premier maître de ce pays, giflé douze mois sur douze par les intempéries».

Avec Léon Gontran Damas, la quête d'une personnalité à la fois individuelle et collective, quête du *moi* insaisissable et inachevé, s'est inscrite dans le perpétuel devenir d'une écriture aux «textes miroitants» qui contribuent au caractère continu et à l'unicité de son œuvre. Au rythme des douze coups de minuit, son «Black-Label à boire» tire le rideau d'un théâtre intérieur, théâtre d'ombres à la «palabre» polyphonique et polyglotte. «Minuit de clair de lune à trois» dont un *Black-Label* «jamais à pile ou face», «toujours à pile et face», «déroule le film du rêve récréé», «en souvenirs de tant et tant de souvenirs».

SANDRINE POUJOLS

NOTICE SUR *POÈMES NÈGRES*
SUR DES AIRS AFRICAINS

Chants de liberté, chants d'amitié offerts en partage au lion de Joal, Léopold Sédar Senghor, les *Poèmes nègres sur des airs africains* de Damas méritaient bien à l'occasion du cinquantenaire des indépendances africaines, et après plus d'un demi-siècle de mutisme, leur réimpression.

L'« Orphée noir » de Guyane a entretenu comme par nécessité avec son ami un jeu de la dédicace, depuis le centenaire de la révolution de 1848 jusqu'à la réédition par Présence Africaine de *Pigments* en 1962. « Malgré la défense formelle que lui en a toujours faite/la grammaire des grammaires des grand-mères/de Grand-Mère Joal », ironise le poète, il « continue » et « ose » crier ses vérités pour « l'édification des petits et des grands », des plus humbles comme des notables.

Voici ce qu'il écrivait, dix ans plus tôt, dans *Retour de Guyane* :

> Un *Sérère*, agrégé de grammaire, est un spécialiste éminent de la langue française ou l'Université ne signifie plus rien. C'est un honneur exceptionnel pour le pays et la culture qui peuvent, à ce point, spécialiser un étranger. Pourquoi, diable ! Voudrait-on pour ce prix que notre Sérère abandonnât sa qualité de Sérère, en admettant même qu'il le pût ?

Du métis culturel, il souligne non pas l'origine *malinké* héritée d'un père, descendant des guerriers *guélowars*, mais la filiation maternelle avec le pays *sérère*, une région de cultivateurs. Avec cet homme-là, Damas a partagé bien des combats pendant deux décennies à Paris. Sous l'Occupation allemande, Léopold

Sédar Senghor élaborait une thèse pour accréditer l'idée que les chants de son terroir constituaient une poésie digne d'intérêt. L'Université exigeait alors de lui des preuves de l'existence même de leur réalité sonore, qui se manifestait pourtant dans les stalags où les tirailleurs sénégalais et les «contes des veillées noires» berçaient «les grands enfants roses, leurs grands enfants blonds leurs grands enfants blancs» («Camp 1940», *Hosties noires*). Si les heures sombres n'avaient pas ébranlé la détermination du doctorant, l'immédiat après-guerre s'en chargea. Boursier du CNRS, Senghor retourne bien volontiers en 1945 «boire à la source»; mais passé l'été, c'est le politicien et non le scientifique qui reprend «le chemin de l'Europe». Ce retour de l'enfant prodigue inquiète Damas. Un «beau souci»! D'où la dédicace à cet ami qui occupe pour quelque temps encore, à l'école nationale de la France d'Outre-Mer, la chaire de Maurice Delafosse. Notons que cet africaniste renommé qui n'hésitait pas à rectifier si nécessaire des conclusions jugées trop hâtives avait entrepris dès 1912 une étude sur les «survivances africaines chez les nègres Bosch de la Guyane».

En 1946, un catalogue des livres à paraître chez GLM publie trois *poèmes nègres*. Ce cahier, intitulé *Poésie mon beau souci*, se referme sur un dessin de Pablo Picasso («Avenir de la poésie», daté du 4 juin 1936) et des «indications» portant sur les textes présentés. La note de Damas est reproduite intégralement dans le recueil, à une ou deux variantes près. En lisant son introduction, un spécialiste des langues de l'Afrique subsaharienne en perdrait peut-être son latin. L'existence du *rongué* est sujette à caution. Pourtant la belle épigraphe du recueil serait traduite de cette langue.

Au lecteur, donc, de savourer en toute simplicité cette «poésie commune», non sophistiquée. Qu'il nous soit permis toutefois de mentionner l'origine de certaines sources utilisées par Léon G. Damas.

Sur les dix-neuf textes d'expression et d'inspiration nègres, cinq se retrouvent dans les ouvrages les plus usuels de M. Delafosse.

Dans le manuscrit de son voyage d'étude entrepris en pays *agni* l'année 1899, l'africaniste a consigné deux «chansons de femme » et une « chanson de guerre », qui correspondent respectivement chez Damas à « Parti pris », « Jamais plus », et au premier poème sans titre de sa section « Chants de guerre ». Au second semestre de 1946, *Les Cahiers du Sud* ont reproduit la seconde version que Delafosse propose de la chanson de guerre *baoulé;* chanson qui lui avait été chantée par le chef d'Agbagnyan-sou (près de Toumodi) et ses guerriers, lorsqu'ils venaient lui offrir leur concours contre un chef révolté.

Prenons pour autre exemple le premier texte sans titre de la section « Chants funèbres » des *Poèmes nègres*. Chant dialogué *bambara* du Bélédougou (intitulé par Delafosse « le point de vue des vaincus »), ce texte a été composé à la suite des défaites des chefs Diossé (de Koumi) et Samba (de Massantola). Tous deux s'étaient révoltés en février 1915 contre l'autorité française et furent battus près de Zambougou ; quelques jours plus tard, le premier fit sauter le réduit où il se trouvait avec ses partisans ; le second avait cherché « son salut dans la fuite ». Ainsi commence le texte, dans *L'Âme nègre* (1922) :

Une vieille femme :   *Diossé est allé perdre les hommes inutilement.*
                      Où as-tu conduit les hommes ?
                      [...]

L'âme de Diossé :   *Épargne-moi tes reproches*
                      Je me tire d'affaire moi-même.
                      Va interroger les Européens,
                      [...]

La typographie recherchée, les beaux papiers de la collection « Poésie commune » des éditions GLM et surtout le travail de réécriture effectué par Damas ont incontestablement donné à ces textes leur poéticité, comme telle modalité d'énonciation peut transformer à l'oral des mots « âpres et durs et rudes » en chant.

Quoi qu'il en soit, tous ces poèmes sont la voix même d'une Afrique qui ne se réduit pas à l'exotisme d'une carte postale.

S. P.

Ce volume,
le quatre cent soixante-neuvième de la collection Poésie,
composé par interligne
a été achevé d'imprimer sur les presses
de CPI Bussière à Saint-Amand (Cher),
le 24 mai 2014.
Dépôt légal : mai 2014.
1er dépôt légal dans la collection : septembre 2011.
Numéro d'imprimeur : 2010206.
ISBN 978-2-07-034396-6./Imprimé en France.